75 YEARS आपसे हैं हम

रामकुमार कृषक

रामकुमार कृषक का जन्म 1 अक्टूबर, 1943 ई. को अमरोहा, मुरादाबाद, उत्तर प्रदेश के गाँव गुलड़िया में हुआ। उन्होंने मेरठ विश्वविद्यालय से एम.ए. (हिन्दी) किया।

'प्रगतिशील लेखक संघ' और 'जनवादी लेखक संघ' जैसे विभिन्न साहित्यिक-सांस्कृतिक संगठनों में सक्रिय हिस्सेदारी। 'जन संस्कृति मंच' की दिल्ली इकाई के संस्थापक सदस्य। उसकी राष्ट्रीय कार्यकारिणी में भी रहे।

दूरदर्शन के केन्द्रीय निर्माण विभाग (सी.पी.सी.) द्वारा उनके व्यक्तित्व और कृतित्व को लेकर वृत्तचित्र का निर्माण और प्रसारण हुआ। सेंट्रल यूनिवर्सिटी, हैदराबाद में उनके गीतों और ग़ज़लों पर शोधकार्य हुए।

उनकी प्रमुख कृतियाँ हैं—'सुर्खियों के स्याह चेहरे', 'नीम की पत्तियाँ', 'फिर वही आकाश', 'आदमी के नाम पर मज़हब नहीं', 'लौट आएँगी आँखें', 'अपजस अपने नाम', 'मुश्किलें कुछ और', 'बामियान की चट्टानें' और 'साधो, कोरोना जनहंता' (कविता-संग्रह); 'नमक की डलियाँ' (कहानी-संग्रह); 'कहा उन्होंने' (साक्षात्कार); 'दास्ताने-दिले-नादां' (आत्म-संस्मरण); 'कविता में बँटवारा', 'काली दीवार के उस पार' (आलोचना); 'संस्मरण ये भी हैं' (संस्मरण); 'कर्मवाची शील' और 'जनकवि हूँ मैं' (सम्पादित)।

'राहुल वाङ्मय' जैसी पुस्तक-श्रृंखलाओं में सम्पादन-सहयोग। 'अलाव' और 'नई पौध' नामक पत्रिकाओं का सम्पादन-प्रकाशन।

उन्हें हिन्दी अकादमी, दिल्ली के साहित्यिक कृति सम्मान (1991), सारस्वत सम्मान, मुम्बई (1997), इंडो-रशियन लिटरेरी क्लब, नई दिल्ली (2003), अदबी संगम, अमरोहा (2010), नई धारा रचना सम्मान, पटना (2013), कबीर सम्मान, मुजफ्फरपुर (2014), पं. बृजलाल द्विवेदी साहित्यिक पत्रकारिता सम्मान, भोपाल (2017) और संतराम बी.ए. स्मृति सम्मान, शाहजहाँपुर (2018) से पुरस्कृत-सम्मानित किया जा चुका है।

सम्पर्क : सी-3/59, नागार्जुन नगर, सादतपुर विस्तार, दिल्ली-110 090

पढ़िए तो आँख पाइए

रामकुमार कृषक

चयन एवं भूमिका

डॉ. जीवन सिंह

राजकमल पेपरबैक्स

राजकमल पेपरबैक्स में
पहला संस्करण : 2022

राजकमल पेपरबैक्स : उत्कृष्ट साहित्य के जनसुलभ संस्करण

राजकमल प्रकाशन प्रा.लि.
1-बी, नेताजी सुभाष मार्ग, दरियागंज
नई दिल्ली-110 002
द्वारा प्रकाशित

शाखाएँ : अशोक राजपथ, साइंस कॉलेज के सामने, पटना-800 006
पहली मंजिल, दरबारी बिल्डिंग, महात्मा गांधी मार्ग, प्रयागराज-211 001
36 ए, शेक्सपियर सरणी, कोलकाता-700 017

वेबसाइट : www.rajkamalprakashan.com
ई-मेल : info@rajkamalprakashan.com

बी.के. ऑफसेट
नवीन शाहदरा, दिल्ली-110 002
द्वारा मुद्रित

मूल्य : ₹250

PADHIYE TO AANKH PAIYE
Selected Ghazals by Ramkumar krishak

ISBN : 978-93-94902-90-9

मैंने अपने शे'र उठाए गलियों से फुटपाथों से
और सभी के मुँह धोए हैं अपने ही इन हाथों से

गीतों से लेकर ग़ज़लों तक कई बीहड़ों से गुज़रा
थाम मशालें भी गुज़रा हूँ घोर अँधेरी रातों से

परमादरणीय

डॉ. विश्वनाथ त्रिपाठी को

अपने समय से संवाद करती ग़ज़लें

भारतीय समाज की वर्णीय सामाजिक संरचना में रामकुमार कृषक उसी पायदान से आते हैं जो अपनी मेहनत-मशक्कत को ही अपने जीवन का सबसे बड़ा मूल्य मानता है। इसे ही उन्होंने अपनी रचना-दृष्टि की ताकत बनाया और यही उनकी जीवन-दृष्टि की सही दिशा तय करने के काम आई। शीत-घाम, धूप-ताप, आँधी-तूफान और जीवन में व्याप्त असुविधाओं से उनका रिश्ता आज तक बना हुआ है। निस्संदेह इससे जीवन के प्रति उनकी आशा और विश्वास में कभी कोई कमी और कमजोरी नहीं आई। अपने इन्हीं जीवनानुभवों और रचनादृष्टि के बारे में एक ग़ज़ल में उन्होंने कहा भी—

बंदा तो झोंपड़ों का धूल का अदीब है
ज़्यादा तो आसमान ही रचते रहे हैं लोग

इसी के साथ एक बात और। आर्थिक तौर पर वर्ग-भेद और सामाजिक तौर पर वर्ण-भेद वाली दुस्सह स्थितियों में जो लोग धूप-ताप की ज़िंदगी से दूर रहने के कारण गौर वर्ण के हो गए थे, वे तो स्याह अक्षरों से लिखने लगे, जबकि मेहनत से काले पड़े लोग अपने लहू से रचना करते देखने में आते हैं। 30 नवम्बर 1979 को लिखी इस ग़ज़ल में कृषक जी का एक शे'र और है, जिसकी व्यंजना रंग-भेद के सच को उजागर कर देने तक चली जाती है—

हमने तो शब्द-शब्द रचा सिर्फ़ खून से
वर्कों प' वर्क स्याह भी करते रहे हैं लोग

इस तरह देखने पर पता चलता है कि कृषक जी की ग़ज़लों के अशआर किताबों और अखबारी कतरनों से दुनिया के दु:ख-दर्द बटोरकर नहीं लिखे गए हैं, वरन उनके शे'रों में व्यक्त अनुभूतियों की ताकत उनके अपने जीवनानुभवों की संगत से उत्पन्न हुई है। यहाँ पर रंगों का जो एक कंट्रास्ट नज़र आता है और

उसमें काले, गोरे और लाल रंगों की जो प्रक्रिया है, उसको ऐतिहासिक परिप्रेक्ष्य के अभाव में नहीं समझा जा सकता। ये रंग भी हमारे सामाजिक यथार्थ का हिस्सा हैं। जरूरी नहीं कि स्वयं कृषक जी के मन में यह बात रही हो, क्योंकि रचनाकारों के यहाँ बहुत-सी बातें ऐसी होती हैं जो जाने-अनजाने सच को व्यक्त कर जाती हैं। यहाँ भी उन्होंने साहित्यिक स्तर पर अपनी निर्लोभ रचनात्मक सक्रियता से एक नई तरह की सामूहिकता, सहजता और साधारणता को विकसित करने का काम किया है। इसी क्रम में उन्होंने नागार्जुन, त्रिलोचन, हरिवंशराय बच्चन, भीष्म साहनी, हंसराज रहबर, दुर्गा भाभी, विष्णुचंद्र शर्मा, मैनेजर पांडेय, रूसी रचनाकार और चिंतक पी. वारान्निकोव तथा पाकिस्तानी कवयित्री फहमीदा रियाज़ आदि से संवाद करके अपने विज़न को स्थानीय के साथ-साथ वैश्विक बनाने का काम भी किया। दरअसल विज़न की साहित्य-रचना में बहुत बड़ी भूमिका होती है, जो आज के लेखकों के लिए गैरजरूरी-सा होता जा रहा है, जिससे कृषक जी मुक्त हैं। इसी का परिणाम है कि वे कविता, गद्य और साहित्य-सम्पादन की दुनिया में अपनी जगह बनाते हुए साहित्य-संस्कृति में आज जिस मुकाम पर हैं, वह बहुत कम लोगों को हासिल हो पाता है। इसमें सादतपुर की संगतों और रंगतों का भी कम योगदान नहीं रहा है। धीरे-धीरे यहाँ एक-जैसी प्रकृति और समदृष्टा साहित्यकार बसते और बसाए जाते रहे, जिनमें उनको नागार्जुन, विष्णुचंद्र शर्मा, त्रिलोचन, रमाकांत जैसे बड़े रचनाकारों का सान्निध्य मिला।

गीत-नवगीत की राह से गुज़रते हुए कृषक जी 1977-78 के आसपास से ग़ज़ल कहने लगे थे। तभी तो उनकी ग़ज़लों का पहला संग्रह 'नीम की पत्तियाँ' शीर्षक से 1984 ई. में प्रकाशित हुआ। ग़ज़लों में यह वह समय था जब कृषक जी से पहले दुष्यंत कुमार एक नई तरह की हिंदुस्तानी ग़ज़ल को हिंदी काव्य-प्रवाह में स्थापित कर चुके थे। इस बात में भी कोई शक नहीं कि बोलचाल की भाषा वैसे भी जीवन के रूपकों से भरी हुई होती है और उसमें मुहावरों की सहज बंदिशें और लाक्षणिकता एक तरह की अनायास कविता का सृजन करती है। वैसे भी मिलेजुलेपन की ताकत ही कुछ और होती है, और बोलचाल की बहती हुई भाषा में जो व्यापक एवं सहज गति होती है, वैसी गति तत्सम और सीखी हुई, स्थिर और जड़ भाषा में कहाँ? वस्तुतः जब कोई कवि अपनी कला से भाषा की जड़ता और स्थिरता को तोड़ता है तब कविता में युगांतर होते देर नहीं लगती। भाषा में जड़ता तभी आती है जब ज़िंदगी में आती है। अनायास नहीं कि कृषक जी की ग़ज़लें भी इस बात को ही प्रमाणित करती हैं।

ग़ज़ल के रूप में अपनी भीतरी सचाई को व्यक्त करने का जैसे एक नया काव्यरूप उन्हें मिल गया था, जैसा कि उन्होंने कहा भी है कि "ये ग़ज़ल है ही नहीं/

सिर्फ़ इत्तिला साथी/आह को राह मिली शब्द को सिला साथी!'' अनायास नहीं कि उन्होंने अपनी पहली ही ग़ज़ल के मतले के रूप में यह लिखा—

चेहरे तो मायूस मुखौटों पर मुस्कानें दुनिया की
शो-केसों में सजी हुईं खाली दूकानें दुनिया की

यहाँ जीवन में लगातार आती जा रही विडंबनाओं की जिस स्थिति का बयान किया गया है, वह सिर्फ बाहरी अंतर्विरोध ही नहीं है, वरन उसका हमारी जिंदगी के गहरे आतंरिक बोध से रिश्ता है, जो हमारे अवचेतन तक की हमको खबर देता है। मुखौटे और मुस्कान से यहाँ जो व्यंजित हो रहा है, वह हमारे समय और समाज की हकीकत आज भी है। आज भी इन ग़ज़लों की आवाज का स्वर-भंग नहीं हुआ है। यहाँ एक साथ चेहरे, मायूसी, मुखौटे, मुस्कान और इन सबसे दुनिया का जो रिश्ता है, वह कितना अमानवीय है, जहाँ शो-केस तो जरूर हैं और उनमें सजावट भी खूब है, किंतु एक गहरी रिक्तता का बोध भी है। यह खालीपन ही आज की समकालीनता है। इस विडंबना को इसी ग़ज़ल का यह शे'र और भी चित्रमय तरीके से कहता है—

इन्क़लाब के कारण हमने जमकर ज़िंदाबाद किया
पड़ीं भाँजनी तलवारों के भ्रम में म्यानें दुनिया की

जैसा कि पहले भी कह दिया गया है कि ग़ज़ल को अपनाने से पहले कृषक जी गीतों के सफल नागरिक बन चुके थे, इसलिए शे'रों की ग़ज़ल जैसी एक और अधिक उन्मुक्त दुनिया में आना उनको सहज सुखकर लगा होगा और वे पहले ही संग्रह से इस नई दुनिया में सुने भी गए, पढ़े भी गए। इसकी खास वजह रही कि उन्होंने अपने समय की इंसानी आवाज़ को अपने शे'रों की आवाज़ में बदलने की भूमिका को ईमानदारी से निबाहा। इसीलिए यह भी कहा—

अपने हर ज़ख़्म की बेख़ौफ कहानी कहिए
जिनकी आवाज़ नहीं उनकी जुबानी कहिए

कहना नहीं होगा कि ग़ज़ल में कहन की पूरी सादगी के साथ यहाँ बहुत बड़ी बात कह दी गई है। इसमें एक साहित्य-सिद्धांत की तरह से बतलाया जा रहा है कि साहित्य में दो ही बातें महत्वपूर्ण और कालजयी होती हैं। पहली ज़ख़्मों यानी ज़िंदगी में व्याप्त सामाजिक रिश्तों की विषमताओं से उत्पन्न दु:ख-दर्दों, त्रासदियों की कहानी और दूसरी बात आवाज़हीनों की आवाज़, जिसमें ग़ज़ल का पूरा कला पक्ष आ जाता है। इस बात के सबसे बड़े प्रमाण हैं हमारे रामायण और महाभारत जैसे महाकाव्य, जिनमें अपने समय के सामाजिक-वैयक्तिक ज़ख़्मों की कहानी नहीं

है तो और क्या है? इसी तरह से भारतीय मध्यकाल की भक्ति कविता में कवियों ने उसी वर्ग की आवाज़ को अपनी आवाज़ बना लिया था, जिनकी अपनी कोई आवाज़ नहीं थी। रीतिकाल की कविता इसीलिए सिर्फ ऐतिहासिक भूमिका अदा करके रह जाती है कि वह आवाज़हीनों से अपना कोई बड़ा और गहरा रिश्ता नहीं बना पाती। वह जो सौंदर्य-विधान कविता के माध्यम से प्रस्तुत करती है, वह भी उस समय के समाज के एक विलासी वर्ग की बेहद सीमित भोगाकांक्षा की पूर्ति करनेवाला सौंदर्य था, इसीलिए उसकी आवाज़ एक सीमित दायरे में घूमनेवाली आवाज़ होकर रह जाती है। ज़ख़्मों की इस कहानी में कृषक जी उस पुरातन के विरोधी स्वरूप भी सामने आते हैं जो आधुनिक प्रगतिशील जीवन-मूल्यों के स्थान पर रूढ़ियों और दकियानूसीपन को सत्ता की ताकत से समाज पर थोप देना चाहते हैं। कहना न होगा कि कृषक जी की ग़ज़लों में इन स्थितियों का सविकल्प प्रतिरोध ही उनकी असल ताकत है। उनकी ग़ज़लों में व्यक्त सामाजिक-राजनीतिक-आर्थिक-सांस्कृतिक परिप्रेक्ष्य को जाने बिना उनके व्यंग्य की अर्थ-छटाओं को भी नहीं जाना जा सकता। इस संदर्भ में उनका एक शे'र देखिए—

तानपूरे, जमूरे असंगत हुए
राग कोई नया रागिये साहबो!

यहाँ पर 'रागिये' शब्द कुछ अटपटा लग सकता है, लेकिन इस क़ाफ़िये को ग़ज़ल की बहर और शे'र में प्रयुक्त रूपक की जरूरत के अनुसार उन्होंने 'राग' संज्ञा से 'रागिये' जैसा क्रियापरक शब्द स्वयं गढ़ लिया है। कृषक जी के यहाँ इस तरह के शब्दों को गढ़े जाने की प्रक्रिया अन्यत्र भी मिलती है। यह ग़ज़ल 2 नवम्बर 1979 के दिन लिखी गई है, जिसे कवि ने समाज और व्यक्ति के स्तर पर एक नई जमीन बनाने और तलाशने के उद्‌देश्य से लिखा है। दरअसल यह वह समय है जब देश से आपातकाल खत्म हो गया था और एक नई जनता पार्टी की सरकार अस्तित्व में आ गई थी। उन्हीं 'नई लोकतांत्रिक' स्थितियों में जिस तरह की अनुभूतियाँ कवि को हुईं, उनको ही उसने एक मतले के साथ चार ऐसे अशआर में बाँधा जो बदलाव और नयापन लाने की तरफ इशारा करते हैं। यद्यपि आज अनेक लोग ऐसी ग़ज़लें खूब लिख रहे हैं जो बाहरी तौर पर 'समकालीन' जैसी लगती हैं, किंतु उनकी ऐतिहासिक जमीन दूर-दूर तक नजर नहीं आती। कृषक जी की ग़ज़लों में हम देश की लोकतांत्रिक स्थितियों के सच को जान सकते हैं। इस मामले में उनकी ग़ज़लें वस्तु के स्तर पर अपने समय को जीवन-मूल्यों से जोड़ने का काम करती हैं।

उल्लेखनीय है कि जैसे-जैसे आज पूँजीवादी व्यवस्था द्वारा पोषित नवसाम्राज्यवाद दुनिया-भर की मानवता को लील रहा है, वह आधुनिक जीवन मूल्यों के पक्ष में

रहने के बजाय अभिव्यक्ति की स्वाधीनता के नाम पर पुरातनपंथी रूढ़ियों को वापस स्थापित करने की मुहिम चलाए हुए है, जहाँ रिश्तों को आधुनिक और नया बनाने के बजाय मध्यकालीन सामंती जीवन-मूल्यों को बनाए रखने की मुहिम चलाई जाती है और इस मुहिम में साहित्य तथा कलाओं का उपयोग भी किया जाता है। इसलिए साहित्य में इस तरह के पश्चगामी और अग्रगामी विचारों में टकराहटें चलती हैं। इन टकराहटों को कृषक जी की ग़ज़लों में साफ-साफ पढ़ा और सुना जा सकता है। मसलन इस तरह के कठिन दौरों का सामना आम मेहनतकश जन को करना पड़ता है, जिसकी व्यंजना कृषक जी की ग़ज़लों की खास प्रवृत्ति है। उनको अपने मिजाज में पूरी तरह से राजनीतिक और सामाजिक कहा जा सकता है।

ग़ज़ल अपने रचना-विधान में एक गुलदस्ते जैसी विधा है जिसमें बहर, क़ाफ़िये और रदीफ़ ही उसको एक रूपाकार और रूपात्मक एकान्विति प्रदान करते हैं, उसका कथ्य और अंतर्वस्तु नहीं, जैसा कि कविताओं में हुआ करता है। इसमें यदि शायर का अपनी भाषा पर पूरा अधिकार नहीं है तो ग़ज़ल में अंदाज़े-बयाँ पैदा करना तो दूर की बात है, वह अपने समय को भी ग़ज़ल में नहीं ला सकता। भाषा किताबों से ज्यादा जीवन-व्यवहार से आती है, इसलिए ज़िंदगी में कवि जितना जमीनी और व्यापक होगा, उसकी भाषिक क्षमता भी उतनी ही अधिक होगी। यह अलग बात है कि बहर, और रदीफ़-क़ाफ़िये की बंदिशों और अनुशासन को मानकर भी कृषक जी ने अपनी अनेक ग़ज़लें कविता की तरह लिखी हैं। कथ्य और जीवन-संबंधों से सम्बद्ध अनुभूतियों को लेकर उनके मन पर इतना दबाव रहता है कि उनके अशआर एक अटूट शृंखला की तरह नज़र आते हैं। वे ग़ज़ल को भी कविता की तरह से एक तरह की सम्बद्ध कविता-जैसा बनाने से कोई गुरेज नहीं बरतते। इससे उनकी भाषिक क्षमता का भी पता चलता है। इसीलिए वे अपने समय को कहने के उद्देश्य से नए-नए रदीफ़ और क़ाफ़िये भी आमफहम और प्रचलित रदीफ़ों-क़ाफ़ियों के अलावा आविष्कृत करते हैं। मसलन रोज़गार दफ़्तर, नीम की पत्तियाँ, डाकिया बीमार है, अस्पताल की बातें हैं, बात करते हैं, बेच रहे हैं, यह शहर है, कोरोना ने, शहरों में फँसे हैं—जैसे रदीफ़ उन्होंने अपने समय से संवाद करने के लिए आविष्कृत किए हैं। यही कारण है कि उनकी ग़ज़लें अपने समय और इतिहास से बाहर जाकर शायद ही कभी कोई बात कहती हों। अपने समय का गहरा बोध उनके यहाँ है। प्रतीकों में कही गई उनकी एक ग़ज़ल से यह बात प्रमाणित होती है, यद्यपि रात और रोशनी के पारंपरिक प्रतीकों से ही वे यहाँ अपनी बात कह रहे हैं—

चुभ रही है रात आँखों में मगर
रात के घर सो रही जाकर सहर

मखमली अँगड़ाइयाँ-ऊँचाइयाँ
और फुटपाथों बिछा चिथड़ा शहर

आम नागरिकों की ज़िंदगी में जब वे बढ़ती हुई मुश्किलों का अनुभव करते हैं तो 'ता है' के क़ाफ़िये और 'दिन' के रदीफ़ से दिन को जोड़कर अपनी बात कहते हैं। ऐसे में उन्हें देश के उस सामान्य नागरिक की चिंता सबसे अधिक रहती है जो रोज कुआँ खोदता है और रोज पानी पीता है। एक रूपक में यदि ग़ज़ल की संरचना और उसके व्याकरणिक अनुशासन की बात कही जाय तो ग़ज़ल में उसका रदीफ़ रेल के इंजन की तरह से होता है जो बहर जैसी पूरी रेल को खींचता है और क़ाफ़िया चालक का काम करता है जो रदीफ़ पर अपना नियंत्रण बनाए रखता है। तरह-तरह के और अपनी-अपनी दिशाओं से आने-जानेवाले यात्री ही उसके अशआर होते हैं। उनमें रूपात्मक एकता होती है तो अपने-अपने लक्ष्य पर पहुँचने की भिन्नता भी। मुश्किलों पर मुश्किलें लानेवाले दिनों से संबंधित ग़ज़ल में दिन और रात ही तो हैं जो रोजमर्रा की मुश्किलों के सबसे बड़े साथी और गवाह होते हैं। लेकिन इन दिनों को लाने के जिम्मेदार लोगों पर उनका अचूक निशाना रहता है, क्योंकि दिन तो अपने आप में एक प्राकृतिक स्थिति है। दिन को दिन बनानेवाली तो वह व्यवस्था होती है जो सामाजिक-राजनीतिक स्तरों पर दिनों का नियंत्रण और संचालन करती है। यहाँ पर 'जाता है दिन' क़ाफ़िये से जिस तरह के उदासीजन्य तनाव की व्यंजना हुई है, वह एक सामान्य जन की पक्षधरता को ही व्यक्त कर रही है—

मुश्किलों पर मुश्किलें लाता है दिन
खोलकर कुछ और कस जाता है दिन

ताकती धरती उदासी ओढ़कर
फूल की मानिंद झर जाता है दिन

यही एक तरह की उदासी है जो कृषक जी की ग़ज़लों के केंद्र में है। उनके यहाँ ज़िंदगी की वे सभी मुश्किलें हैं जो एक आम आदमी की ज़िंदगी में होती हैं, और जिसे वे हर रोज कसती रहती हैं। धरती जिसे उदासी ओढ़कर ताकती है और जिनका हर दिन एक फूल की मानिंद झरता रहता है। इस तरह के अशआर के केंद्र में सहज साधारण लोगों की जिंदगी ही तो है जो इस पृथ्वी पर थोड़ा-बहुत इंसानियत को बचाए हुए हैं। यह उदासी उनके यहाँ किसी एक दिन की नहीं है। आज भी जब उनका चौथा ग़ज़ल संग्रह 'एकजुट हैं सब अँधेरे' शीर्षक से प्रकाशनाधीन है, तब भी वे पहले से अधिक उदासी से घिरे हुए अपनी एक ग़ज़ल में इसी अनुभूति और संवेदना का विस्तार करते हुए कहते हैं—

हर तरफ टूटन घुटन फैली हुई
पूछते कुछ लोग क्यों ऐसा हुआ

इस गिरावट को भला क्या नाम दें
आदमी दिखता नहीं गिरता हुआ

आज के लोकतंत्र का जो निरंकुश रूप हम देख रहे हैं, वह लोकतांत्रिक मूल्यों की दृष्टि से सुदृढ़ होने के बजाय थोड़ा-बहुत ही बचा हुआ है। सच तो यह है कि उसकी रूपात्मक संरचना भी तेजी से विघटित की जा रही है। पूँजीवादी व्यवस्था से पैदा हुए गहरे वर्गभेद की खाई ने उसे और विकृत एवं मनुष्य तथा मानवताविरोधी बना दिया है। उसकी अंतरात्मा पूरी तरह से कुचल और मसल दी गई है। इस सच को आज ही नहीं, बहुत पहले से कृषक जी की ग़ज़लें कहती आ रही हैं। उनकी ग़ज़ल का एक शे'र, जिसे उन्होंने लगभग बियालीस साल पहले लिखा था, आज पहले से भी अधिक अर्थव्यंजक है। आज लोकतंत्र की जो भयावह और वीभत्स स्थिति बनाई जा रही है, कृषक जी की ग़ज़लें गवाह हैं कि उसकी शुरुआत पिछली सदी के आठवें-नवें दशक से बढ़ते हुए भ्रष्टाचार और वर्गभेद के रूप में हो चुकी थी। आज वह पूरी तरह से जनविरोधी हो चुका है। तभी तो 1984 में प्रकाशित उनकी ग़ज़लों का पहला संग्रह 'नीम की पत्तियाँ' और इससे कुछ ही पहले 1975 में प्रकाशित दुष्यंत कुमार का ग़ज़ल संग्रह 'साये में धूप' के अशआर जो बातें कहते हैं, वे आज पहले से भी अधिक प्रासंगिक हो चुकी हैं। 10 जनवरी 1979 को लिखी उनकी एक ग़ज़ल का शे'र है—

राष्ट्र तो फुटपाथ पर बेदम बिछा
और उनका राष्ट्रध्वज फहरा हुआ

यहाँ हम राष्ट्र की हालत को उक्त शे'र के पहले मिसरे से जान सकते हैं। क्या आज का गंभीर और दुखद सच यह नहीं है कि देश को आज़ादी मिल जाने के बाद भी वास्तविक तौर पर केवल एक सीमित वर्ग ही यहाँ आज़ाद हुआ है? उसी के हाथों में देश की बागडोर है, और जो बार-बार राष्ट्रध्वज को फहरा कर राष्ट्र की सचाइयों को उससे ढँकते रहता है। मेहनतकश वर्ग तो आज भी देश के शासक उच्च वर्ग का गुलाम बना हुआ है। आज भी कृषक जी के ऐसे शे'र अप्रासंगिक होने की बजाय पहले से अधिक प्रासंगिक हो गए हैं—

इस मुल्क़ की हालत प' मेरे दोस्त ज़रा सोच
जब से हुआ स्वतंत्र तभी से गुलाम है

सच तो यह है कि शुरुआत में आम जन को जो थोड़ी-सी आज़ाद और ताज़ा हवा का झोंका मिला था, आज उसे भी रोक देने के प्रयास हो रहे हैं। अदम ने भी अपनी ग़ज़लों में इसी तरह के कुछ बुनियादी और जरूरी सवाल बेहद निर्भीकता और निर्लोभ होकर उठाए थे, जिनके बारे में मध्यवर्ग के अवसरवादी कवि सोच भी नहीं सकते। अपनी ग़ज़लों में जिस तरह के अंतर्विरोध अगर मध्यवर्गीय कवि लाते और उठाते भी हैं तो वे अपनी सीमाओं से बाहर निकलते ही नहीं। इसीलिए वे सत्ता के अनाचारों-अत्याचारों पर शायद ही कभी कुछ कहने का साहस दिखा पाते हों। उनके यहाँ मेहनतकश वर्ग की पक्षधरता तो दूर-दूर तक नज़र नहीं आती। उनकी साहसिकता भी हमेशा अपनी ही सीमाओं में कैद रहती है। वे अपने ऊपर खुद ही सेंसर लगाए रहते हैं। कृषक जी का कवि इस बारे में भिन्न है। वे अपनी कविताओं में हमेशा निम्नवर्ग की तरफदारी में खड़े मिलते हैं।

इस तरह देखा जाए तो कृषक जी की ये ग़ज़लें बहुत व्यापक स्तर पर अपने समय से सच्चे, सही और श्रमरत आदमी के पक्ष में एक विशेष अंदाज़े-बयाँ के साथ संवाद करती हुई दिखाई देती हैं। वहाँ हर सुबह किसी बच्चे की तरह सुबकती हुई दिखती है तो दोपहर, यानी युवावस्था साँझ की ओर ढलती हुई—"एक सुबहा सुबकती-सिमटती हुई / साँझ होती हुई दोपहर ले चलें।" कृषक जी किसी भी तरह के अतिवाद के शिकार होने से बचते हैं, इसलिए उनके यहाँ एक तरह का वैचारिक संतुलन दिखाई दे तो कोई अचरज नहीं है। वे शहरी सभ्यता के विरोधी नहीं हैं, वरन यह चाहते हैं कि शहरी और ग्रामीण जीवन में एक संतुलित संबंध बन सके, जिसकी उपेक्षा की जाती रही है। इसी से शहरी सभ्यता अधिक ताकतवर होती चली गई है, इसी से ग्रामीण और शहरी जीवन का सामंजस्य और संतुलन गड़बड़ा गया है। तभी तो वे कहते हैं—"देश दिल्ली की अँगुली पकड़ चल चुका / गाँव से पूछ लें अब किधर ले चलें।" कृषक जी मानते हैं कि देश में भूख दिल्ली ने ही बढ़ाई है—

भूख दिल्ली ने बढ़ाई और दिल्ली भूख ने
इस सचाई को मगर इतिहास उगलेगा नहीं

कृषक जी इस तरह के असंतुलन के विरोधी हैं। वे बतलाते हैं कि पूँजी-केंद्रित सभ्यताओं ने जो विकास किया है, उसका परिणाम यह हुआ कि शहर के दरवाजे हर समय बंद मिलते हैं। शहर का एक मतलब दरवाजों का बंद होना हो गया है—

बंद दरवाज़े सभी के हैं यहाँ पर यह शहर है
बंद दरवाज़ों के भीतर भी नहीं घर यह शहर है

वस्तुतः बड़ी-बड़ी कोठियों-बँगलों के भीतर से 'घरों' का गायब होते चले जाना

कवि को उस गाँव की भी याद दिलाता है जो अपने ह्रदय की तरह अपने दरवाजों को कभी बंद नहीं करता था।

यह भी सच है कि जब लोकतंत्र जैसी एक नई और आधुनिक जीवन पद्धति विकसित हुई, तब जाकर अभिव्यक्ति की एक सीमित आजादी लोगों को मिली। किंतु वह भी यश-अपयश, हानि-लाभ, लोभ-लालच, भय और दंड की अदृश्य सीमाओं के चक्रव्यूहों से सदैव बाधित रही। आज भी है। ऐसे में कविता और शायरी में ज़िंदगी के बुनियादी मुद्‌दे उठाना और लाना एक अलग तरह के कौशल और शिल्प की माँग करता है। कहना न होगा कि यह सभी शायरों के पास नहीं होता। होता दरअसल यह है कि मौजूदा समय और व्यवस्था में आदमी का दर्द से कुछ इस तरह का नाता बनता है कि दर्द का अहसास ही धीरे-धीरे खत्म होता जाता है। कृषक जी का इस बावत एक शे'र देखिए—"दर्द से कुछ इस तरह नाता रहा / दर्द का अहसास ही जाता रहा।" कैसी विडंबना है कि आजादी के बाद देश में तीव्र गति से विकास तो हुआ, किंतु उस तरह का ज्ञानात्मक जागरण नहीं हुआ जो हमारे भीतर जड़ जमाए बैठी अँधेरी रात को काट सके। इसी वज़न और क़ाफ़िये पर एक अन्य शे'र कवि ने कहा है—"दोस्ती हमसे हमारी रात से / भोर से हर शख़्स कतराता रहा।"

यही सत्य जब किसी दुष्यंत और अदम के पास आ जाता है तो कविता में युगांतर हो जाता है। कृषक जी की सराहना भी इसी बात के लिए की जानी चाहिए कि उन्होंने उस जमीन को छोड़ देने के बजाय उसे और पुख्ता किया है। कृषक जी की एक खासियत यह भी है कि वे चीजों की केवल ऊपरी तौर पर ही शिनाख्त नहीं करते। वे पेड़ की शाखाओं, फूलों, पत्तियों और फलों की ही बात नहीं करते, वरन उसकी जड़ों तक गहरे उतरते हैं। वे पत्तियों की बात करते भी हैं तो नीम की पत्तियों की बात करते हैं, क्योंकि उनमें रोग का उपचार करने की हिकमत होती है, अन्यथा वे बुनियाद और जड़ों की बात ही ज़्यादा करते हैं। वे इमारत के कंगूरों तक ही नहीं, बुनियाद तक जाते हैं, जिसमें किसी तरह की लाउडनेस नहीं होती, बल्कि बेहद सादगी से एक कटु सत्य को अपने पाठक को पकड़ा देते हैं। उनकी ग़ज़ल का यह बुनियादीपन ही उनकी ग़ज़ल की सबसे बड़ी ताकत है। इस बावत उनका एक शे'र देखिए—

ये इमारत ये बुलंदी ठीक है नायाब है
ये भी सुन ही लीजिए कि जो है बुनियादी नहीं

ग़ज़ल जैसी विधा में यह सबसे बड़ी सुविधा होती है कि शायर जहाँ एक तरफ दूसरों से संवाद में रहता है, वहीं दूसरी तरफ हमेशा आत्म-संवाद की स्थिति में भी

रहता है। यह भी संभव है कि एक ही ग़ज़ल में वह एक दूसरे से सटे हुए अशआर में जगबीती और आपबीती दोनों कहे। आपबीती और जगबीती एक साथ कहने का ऐसा कोई दूसरा माध्यम नहीं है। कहना न होगा कि कृषक जी ने इस शैली को कई जगह अंदाज़े-बयाँ के साथ काम में लिया है। सामान्यतया इस संसार में हर कोई दूसरों पर नज़र रखता है, खुद पर नहीं। जबकि व्यक्ति और समाज में परिवर्तन के लिए जरूरी है कि व्यक्ति और समाज के द्वन्द्वात्मक रिश्ते को समझा और उसके अनुसार उस पर चला जाय। चीजें सही दिशा में इसीलिए नहीं बदलतीं कि हम दूसरों को ज़्यादा, खुद को बहुत कम देखते हैं। मुक्तिबोध की कविता में इसी तरह की द्वंद्वात्मक दृष्टि होने के कारण उसका काव्यार्थ दूसरों से बहुत अलग और दुरूह नज़र आता है। कृषक जी के यहाँ भी उनकी वैयक्तिक अनुभूतियों के ऐसे अनेक उदाहरण इन ग़ज़लों में हैं जो उनको एक अलग तरह का गाम्भीर्य प्रदान करते हैं, जैसे—

हमने इस तौर मुखौटे देखे
अपना चेहरा उतारकर देखा

जैसे-जैसे सभ्यता आगे बढ़ रही है, वैसे-वैसे इस संसार में दुराव-छिपाव और छल-छद्म भी बहुत तेजी से बढ़ रहे हैं। इससे यह दुनिया मुखौटों की दुनिया बनती जा रही है। सरल होने के बजाय जटिलता की ओर बढ़ रही है। 'मुखौटा' कृषक जी की सौन्दर्य-धारणा और ग़ज़ल-शिल्प का एक प्रमुख शब्द है, जिससे अलग-अलग बहरों में उन्होंने कई शे'र कहे हैं।

कृषक जी की ग़ज़ल यात्रा से गुजरते हुए यह अनुभव बार-बार होता है कि जिन मुश्किलों और जख्मों की बात वे पिछले चार दशकों से करते आ रहे हैं, वे कम होने की बजाय बढ़ते ही गए हैं, जबकि राजनीति और सत्ता की दुनिया में विकास का शोर बहुत मचाया गया है। वह हुआ भी है, पर यह भी सच है कि देश के उच्च और उच्च-मध्यवर्ग ही विकास की इस सरिता का 90 प्रतिशत जल पी गए हैं। इसके विपरीत देश की आम जनता को इस विषममार्गी अमानवीय विकास ने जख्म और मुश्किलें ही ज्यादा दी हैं। इस सचाई को मध्यवर्ग से आनेवाले बहुत कम कवियों ने साफ-साफ कहा है। कृषक जी का महत्व इसी बात में है कि वे इस सचाई को अपनी अनुभूतियों से बाहर नहीं होने देते। जिन जख़्मों की कहानी वे 1978 में कह रहे थे, 2015 में आकर अपने तीसरे संग्रह-'मुश्किलें कुछ और' (2019 में प्रकाशित) में भी यही महसूस करते हैं—

ज़ख़्म अनगिन हैं मेरी ग़ज़लों में गिनकर देखिए
गिल्टियों पर जो लगे गहरे वो नश्तर देखिए

आज जो व्यक्ति रोज खटकर जैसे-तैसे अपनी जिंदगी की गाड़ी को खींच रहा है, कृषक जी की नजर अखबारी कतरनों की बजाय उसकी ज़िंदगी पर ज़्यादा रहती है। यह सही है कि वे समाज के लिए इल्म को जरूरी मानते हैं, किन्तु बकौल ग़ालिब "इल्म से शायरी नहीं आती" की तरह, कृषक जी मानते हैं कि इल्म से भी अधिक बुनियादी चीज हैं—जीवनानुभव। इंसानियत के लिए जहाँ ज्ञान यानी इल्म जरूरी है, उससे भी पहले जरूरी है जीवनानुभव। मुक्तिबोध ने इसके लिए दो पदों को जोड़कर एक प्रतिमान बनाया—संवेदनात्मक ज्ञान और ज्ञानात्मक संवेदना। जब तक इल्म और जीवनानुभव का सही रिश्ता न हो तब तक इल्म जहाँ से और जिस बात से पैदा होता है, उस बुनियादी बात को वे इस तरह से प्रस्तुत करते हैं—

इल्म से फ़सलें नहीं फ़सलों से उगता इल्म है
जाँचनी हो बात ये तो रोज़ खटकर देखिए

कैसी विडंबना है कि आजकल के नए पढ़े-लिखे लोग फसलों से इल्म उगाने के बजाय इल्म से फसलें उगाने में लगे हैं। बात के मर्म को इस तरह से पकड़ने की कला कृषक जी की इन ग़ज़लों की विशेषता ही नहीं, एक तार्किक अंदाज भी है। इससे पहले वे 'कुछ' ज़ख़्मों की बात किया करते थे, लेकिन पिछले दिनों तो वे 'अनगिन' ज़ख़्मों की बात कहने लगे हैं, जैसा कि उनके एक शे'र में ऊपर बतलाया गया है। सच तो यह है कि उनकी पिछले सात-आठ सालों में लिखी ग़ज़लें अनेक तरह के ज़ख़्मों से भरती चली गई हैं। हालात ये हैं कि जब से बाज़ार का जीवन पर प्रभुत्व कायम हुआ है तब से तो व्यवस्थाओं ने आदमी और आदमीयत की चिंता करना ही छोड़ दिया है। पूँजी और बाज़ार की प्रभुत्ववाली इस एकायामी व्यवस्था में विषमता के साथ हिंसा, झूठ और पाखंड जितनी तेजी से बढ़े हैं, उतने इससे पहले शायद ही कभी बढ़े हों। अपनी एक ग़ज़ल में कृषक जी ने इस विडंबना को इस तरह भी कहा है—

हम नहीं खाते हमें बाज़ार खाता है
आजकल अपना यही चीज़ों से नाता है!

दूसरी ओर आज धर्म के नाम पर जिस तरह की नफरत और हिंसा की राजनीति खुलेआम की जा रही है, वैसा पहले शायद ही कभी रहा हो। इस तरह की परिस्थितियों से जन्मी नई त्रासद अनुभूतियों की व्यंजनाएँ उनकी शुरुआती ग़ज़लों से भी और अधिक बढ़ गई हैं। एक बहुत बड़ा परिवर्तन लोगों के सोच-विचार में पिछले कुछ दिनों से ज्यादा हुआ है कि उसे निर्मलता प्रदान करने के बजाय और अधिक संकुचित, संकीर्ण एवं गंदा किया जा रहा है। गंगा को निर्मल किए जाने की

खबरों से प्राप्त अनुभव को उनके शायर ने किस तरह से अनुभूति में बदला है—

देख गंगा को सोच में डूबा
सोच गँदली है निखारूँ कैसे

मौजूदा पूँजीवादी सभ्यता कितनी ही विकसित और लहलहाती दिखाई दे, सच तो यह है कि उसमें इंसानी बंजरपन बहुत बढ़ा है। इंसानियत की दृष्टि से अविकसित सभ्यताओं में कुछ सामूहिकता, साधारणता, सरलता, सहजता और ईमानदारी मिल जाती थी, लेकिन जैसे-जैसे दौलतजन्य समृद्धि का निरंकुश विकास हुआ है, जीवन-मूल्यों में समृद्धि के बजाय वे उतने ही क्षीण और दुर्बल होते चले गए हैं। आधुनिक लोकतंत्र बने हैं किन्तु लोकतांत्रिक मूल्यों का विकास होने के बजाय वह दौलतमंदों की गुलामी में बदल गए हैं। समाजों के स्तरों पर एक तरह की अनुर्वरता और बंजरपन बढ़ा है। लोगों में करुणा और प्रेम जैसे संस्कार बढ़ने के बजाय हिंसक मनोवृत्ति में वृद्धि हुई है। इस तरह से कृषक जी की ग़ज़लें सभ्यता-समीक्षा का एक दस्तावेज़ ही बन गई हैं। बढ़ते हुए बंजरपन की अनुभूति को कृषक जी ने अपने 'मुश्किलें कुछ और' संग्रह की एक ग़ज़ल के एक मतला शे'र में कितनी खूबसूरती से कह दिया है—

हम घरों में थे घरौंदों के लिए बेघर हुए
पत्थरों पर नाम खुदवाकर स्वयं पत्थर हुए

दरअसल कृषक जी की यह द्वंद्वात्मक जीवन-दृष्टि ही है जो उनकी ग़ज़लों की अंतर्वस्तु को व्यापक और सही धरातल प्रदान करती है। यही बात है जो उनके शे'रों में जहाँ एक तरफ ग़ज़लियत पैदा करती है, वहीं दूसरी तरफ उनके अर्थ को सही ठिकाने पर स्थापित करती है, जबकि ज़्यादातर ग़ज़लकारों के यहाँ इकहरी और इकतरफा धारणाओं की ही भरमार रहती है। इसी का परिणाम है कि उनके लिए लंका और अयोध्या दोनों का एक रिश्ता जुड़ता है, जो उनको किसी भी तरह के अतिवाद से दूर रखता है। यह अतिवाद ही तो है जो चीजों के संतुलित सत्य से दूर रहता है और सत्य तक पहुँचने में विफल भी। गलत-सलत अवधारणाओं से ही तो दुनिया में व्याप्त धार्मिक संघर्ष सांप्रदायिक संघर्षों और उपद्रवों में बदल जाते हैं। कहना न होगा कि कृषक जी की ग़ज़लें गलत धारणाओं से पैदा हुई गलतफहमियों को दुरुस्त करने का एक महत्वपूर्ण काम भी करती हैं, जैसे उनका यह शे'र देखिए—

रहे लंका में हम बेशक अयोध्या भी रही मन में
रथी होकर नहीं निकले तभी तो राम की ख़ातिर

जैसा कि पीछे कहा गया है, कृषक जी की पक्षधरता हमेशा साधारणता और साधारण जन के पक्ष में रहती है। उनके सौंदर्यबोध में भी इस दृष्टि की बड़ी भूमिका है। रामायण के ही मिथक का प्रयोग करते हुए उन्होंने 'नीम की पत्तियाँ' संग्रह की एक ग़ज़ल के एक शे'र में वह बात लिखी, जिसे वही लिख सकते थे—

राम को तो सिया मिल ही मिल जायगी
मिल सकें तो जटायू के पर ले चलें

हमारी काव्य-परंपरा में शायद ही इस तरह से जटायु की तरफ किसी अन्य कवि का ध्यान गया हो। गुप्त जी का ध्यान 'साकेत' में उर्मिला की तरफ गया था, लेकिन तब भी जटायु जैसा एक पक्षी कवि की दृष्टि में नहीं आ पाया था। इस तरह से भी कृषक जी पाठक का ध्यान उन बातों की तरफ आकर्षित करते हैं जो उसके विशिष्टता बोध के सामने सामान्य-सी लगनेवाली उपेक्षित बातों के सौंदर्यबोध के महत्व से परिचित कराती हैं।

कृषक जी की पुरानी और शुरुआती ग़ज़लों में निराशा और हताशा का उल्लेख होने के बावजूद आशा और विश्वास के स्वर भी बने हुए थे। वे रात की बात करते थे तो सुहानी भोर की बात भी करते थे। लेकिन अपने प्रकाशनाधीन चौथे ग़ज़ल संग्रह—'एकजुट हैं सब अँधेरे' तक आकर वे आशा और विश्वास की बातें ज़्यादा नहीं करते। पहले अँधेरे जरूर थे, किंतु आज की तरह से एकजुट नहीं थे। आज तो ऐसा लगता है कि दुनिया के सभी अँधेरे एकजुट हो गए हैं। एक ऐसी गिरावट आदमी के भीतर लाने की लगातार कोशिशें हुई हैं कि आदमी का पतन हो रहा है, किंतु वह लोगों को दिखता नहीं—

इस गिरावट को भला क्या नाम दें
आदमी दिखता नहीं गिरता हुआ

मौजूदा समय की हकीकत तो यह है कि जहरीले साँपों से ज़्यादा उनको पालनेवाले सपेरे जहरीले हो गए हैं—

बाँबियाँ हमने खँगाली हैं और यह पाया
स्याह साँपों से ख़तरनाक सपेरे यारो

सामाजिक न्याय की बात को भी कृषक जी ने अपनी ग़ज़लों में अपनी तरह से स्थान दिया है। अपने समय की तात्कालिकताओं को उन्होंने कभी नजरअंदाज़ नहीं किया। उनके कितने ही उदाहरण उनकी ग़ज़लों में प्रत्यक्ष मिल जाएँगे। कोरोना जैसी

भयंकर महामारी की त्रासदी जब विश्व में आई तो उन्होंने उसको अपनी रचनाओं में अपनी तरह से पिरोया। कहा कि "साधो, कोरोना जनहंता।" ऐसी अनेकरूपी तात्कालिकताएँ उनके यहाँ मौजूद हैं। अपने समय से संबंधित सवालों को वे मिथकों और व्यंजनाओं में, जहाँ भी मौका आया, कहने से नहीं चूके हैं। जैसे कुछ बानगी देखिए—

विप्रवाद पर आँच न आए
शूद्र मौत के घाट उतारा

× × ×

रमजानी को इधर बहुत डर लगता है
गाय बँधी उसके घर-द्वारे राजा जी

इसका मतलब यह कतई नहीं है कि कृषक जी के यहाँ बाहरी परिस्थितियों के दबाव में आतंरिक भावनाओं के लिए कोई जगह नहीं है। उनके यहाँ भी वैयक्तिक प्रेम, प्रकृति, संबंध-भावना, मैत्री, बंधुत्व और स्नेहिल आकांक्षाओं से घनीभूत सौंदर्यानुभूतियों का एक छोटा-सा संसार मौजूद है, किंतु उसका स्वरूप सामंती न होकर लोकतांत्रिक है। जिस तरह की आंतरिक मनोभावों को व्यक्त करनेवाली वैयक्तिकता शायर के यहाँ होनी चाहिए, उसे भी कृषक जी के ग़ज़ल संसार में देखा जा सकता है। इस तरह की ग़ज़लें जहाँ कथ्य की एकरसता को तोड़ती हैं, वहीं वे उसे जीवन की विविधता के सागर में अवगाहन भी कराती हैं। हमारा जीवन विशाल और विराट ही नहीं, सागर की तरह से गहरा, आसमान की तरह से विस्तृत एवं पृथ्वी की तरह से विविध है। इसे एकरस और एकरूप बनानेवाली बदलाव विरोधी यथास्थितिवादी शक्तियाँ भी दुनिया में सक्रिय रहती आई हैं, आज भी हैं, जबकि सच्ची और सार्थक कविता इसे सागर, आकाश और पृथ्वी की तरह विविध और विराट स्वरूप देने की कोशिशें हमेशा से करती रही है, और इसी प्रक्रिया में वह उन मानवीय रहस्यों को जानने की कोशिशें भी करती रही है जो उसे तरह-तरह के बंधनों से मुक्त करते हुए एक सहज मानवीय जिंदगी जीने की तरफ ले जाते हैं। इनमें दाम्पत्य प्रेम, माँ और बेटे का रिश्ता और बचपन आदि कुछ ऐसी भाव-स्थितियाँ हैं, जिन पर हर युग के कवि ने अपने समय की खुली और विस्तृत समझदारी के साथ बार-बार नई तरह से लिखा है। ग़ज़ल रचना की अपनी चालीस साल से भी अधिक लंबी यात्रा में रामकुमार कृषक ने उसे वैयक्तिक अनुभूतियों के स्तर पर अपनी कलात्मकता से समृद्ध करने का प्रयास किया है। इसमें वे कबीर के ढाई आखरवाले प्रेम को ही विशेष महत्व देते हुए अपना एक शे'र कहते हैं, जिसका एक अलग ही व्यंजक परिसर है—

सारी दुनिया तो पोथी है
तुम हो ढाई आखर जैसे

कृषक जी की ग़ज़लों के सरोकारों में आदिवासियों की सहजता और उनके वे जंगल भी हैं, जिन्होंने सभ्यता के पुराने दौर में रहने के बावजूद उनके जीवन को सहज एवं प्राकृतिक बनाए रखा है, जिन्होंने प्रकृति के साथ सहजीवन जीते हुए और उससे बहुत कुछ लेते हुए भी कभी उसका इतना दोहन नहीं किया, जिससे आज की विकसित शहरी सभ्यता की तरह प्रकृति, पर्यावरण और जलवायु पर छाए भीषण संकट खड़े होते। ग़ज़लों में इस आदिवासी जीवन के सरोकारों को लाने की वजह भी सहजता और साधारणता जैसे जीवन-मूल्यों को बचाए रखने के लिए है। इसके अलावा उनके सरोकारों में धर्म और सांप्रदायिकता की भयावह होती समस्या, स्त्री-जीवन के दुःख और यातनाएँ, बाज़ार का बढ़ता वर्चस्व और उपभोक्तावाद के अलावा वह तथ्य भी मौजूद हैं, जो कभी-कभी एक तरह का गहरा और व्यापक व्यंग्य पैदा करते हैं, जैसे—

अजब समाँ है अजब शायरी लोग अजब
सब कुछ है, पर कुछ भी नहीं असर साथी

लेकिन इस एहसास के विरुद्ध खड़े ऐसे नायाब शेर भी—

दौरे-मुश्किल है चलो कुछ तो ठठाकर देख लें
क्या पता कल किसलिए हँसना मना हो जाएगा

यह सच है कि शायरी या कविता में काल के एक महत्वपूर्ण आयाम—तात्कालिकता पर रोजमर्रा की पत्रकारिता की खबरों की तरह से रचना नहीं की जाती, लेकिन यह भी सच है कि यह तात्कालिकता ही है जो उसका अपने समय से संवाद कराती है। इसलिए कृषक जी के यहाँ तात्कालिकता के रूप में भी समय की उपस्थिति देखी जा सकती है। यही कारण है कि 2020-21 में जब दिल्ली के सीमांतों पर एक अभूतपूर्व किसान आंदोलन चला तो उनका किसान मन उससे उद्वेलित हुए बिना नहीं रह सका। लेकिन कविता की प्रकृति वर्तमानधर्मी होते हुए भी वह सिर्फ अपने वर्तमान से ही बँधी हुई नहीं हुआ करती। एक बड़ी रचना अपने वर्तमान के साथ अतीत और भविष्य का एक संश्लिष्ट स्वरूप निर्मित किए बिना कभी मुकम्मल नहीं होती। मसलन मनुष्य-जीवन का जो स्वरूप अभी तक इतिहास के सामने है, उससे यह जाहिर होता है कि आज तक कभी भी मनुष्य संघर्ष-विरत नहीं रहा। कोई न कोई संघर्ष मनुष्य-जीवन में चलता ही रहा है। इसकी वजह है कि जिन-जिन

ऐतिहासिक दौरों से वह गुजरा है, उनमें कभी उसे मनुष्यता की पूर्ण अभिव्यक्ति हासिल नहीं हो पाई। कोशिशें जारी रहीं, किंतु काल-प्रवाह में शायद ही उसे कभी पूरी सफलता मिल पाई हो। इसी को ध्यान में रखकर कृषक जी को यह अहसास हुए बिना नहीं रहा कि यहाँ युद्ध का कोई मैदान आँखों के सामने न दिखने पर भी एक युद्ध है जो सतत चलता रहता है और हर व्यक्ति इस युद्ध को एक सिपाही की तरह लड़ता रहता है। इस तरह की दार्शनिकता भी कृषक जी के यहाँ इन ग़ज़लों में यथावसर आती रही है। वे कहते हैं कि हमारी ज़िंदगी कर्बला के उस मैदान की तरह है, जहाँ इंसानियत और शैतानियत का संघर्ष लगातार चलता रहता है—

कर्बला बेशक कहीं दिखता नहीं
किंतु दिखता हर कोई लड़ता हुआ

पुस्तक की भूमिका स्वरूप यह आलेख कृषक जी के चार ग़ज़ल-संग्रहों—नीम की पत्तियाँ, अपजस अपने नाम, मुश्किलें कुछ और, तथा एकजुट हैं सब अँधेरे—को ध्यान में रखकर लिखा गया है। उद्‌देश्य यही कि पाठक उनकी ग़ज़लों के व्यापक अनुभवलोक और विस्तृत परिसर से किसी हद तक परिचित हों। आशा है, हमारी यह कोशिश पाठकों को अवश्य पसंद आएगी।

27 अप्रैल, 2022

—जीवन सिंह
1/14, अरावली विहार,
अलवर (राजस्थान)

क्रम

मुश्किलें कुछ और

एकजुट हैं सब अँधेरे

1

चेहरे तो मायूस मुखौटों पर मुस्कानें दुनिया की
शो-केसों में सजी हुईं खाली दूकानें दुनिया की

यों तो जीवन के कालिज में हमने भी कम नहीं पढ़ा
फिर भी सीख न पाए हम कुछ ख़ास जुबानें दुनिया की

हमने आँखें आसमान में रख दीं खुलकर देखेंगे
कंधों से कंधों पर लेकिन हुईं उड़ानें दुनिया की

इन्क़लाब के कारण हमने जमकर ज़िंदाबाद किया
पड़ीं भाँजनी तलवारों के भ्रम में म्यानें दुनिया की

हमने जो भी किया समझ वालों को समझ नहीं आया
खुद पर तेल छिड़ककर निकले आग बुझाने दुनिया की

बड़े-बड़े दिग्गज राहों पर सूँढ़ घुमाते घूम रहे
अपनी ही हस्ती पहचानें या पहचानें दुनिया की

फूट पसीना रोआँ-रोआँ हम पर हँसता कहता है
क्या खुद को ही दफ़नाने को खोदीं खानें दुनिया की

31.8.1978

2

घेरकर आकाश उनको पर दिए होंगे
राहतों पर दस्तख़त यों कर दिए होंगे

तोंद के गोदाम कर लबरेज़ पहले
वायदों से पेट खाली भर दिए होंगे

सिल्क खादी और आज़ादी पहनकर
कुछ बुतों को चीथड़े सी कर दिए होंगे

हों न बदसूरत कहीं बँगले-बगीचे
बेघरों को जंगलों में घर दिए होंगे

प्रश्नचिह्नों पर उलट सारी दवातें
जो गए-बीते वो संवत्सर दिए होंगे

गोलियाँ खाने की सच्ची सीख देकर
फिर तरक़्क़ी के नए अवसर दिए होंगे

5.9.1978

3

रोटियों का मुद्दआ दिल्ली से सुलझेगा नहीं*
और भूखा इस बहस में और उलझेगा नहीं

भूख दिल्ली ने बढ़ाई और दिल्ली भूख ने
इस सचाई को मगर इतिहास उगलेगा नहीं

मुद्दतों से चाँद थाली में परोसा जा रहा
इस निरे बहकाव को अब कौन समझेगा नहीं

टोपियों के दंगलों में तो लँगोटी भी गई
हादसा इससे बड़ा अब और गुज़रेगा नहीं

अब तो खाली पेट में बारूद भरकर आदमी
गुंबदों में जा फटेगा सिर्फ़ सुलगेगा नहीं

3.11.1978

---

* स्मरणीय है दुष्यंत कुमार का यह शेर :
भूख है तो सब्र कर रोटी नहीं तो क्या हुआ
आजकल दिल्ली में है ज़ेरे-बहस यह मुद्दआ

4

दिन की बहसों में उलझ और स्याह रात करें
उनकी स्वाधीनता में बैठ खड़े हाथ करें

हमने देखीं न अभी अपनी सुबह की आँखें
उनके चश्मों को चढ़ा क्यों न नज़रपात करें

हमने अच्छा जो किया उनको अच्छा न लगा
अपने अच्छे के लिए क्यों न खुराफ़ात करें

हम तो खुद भी न रहे और वे खुदा भी हुए
उनसे मरकर ही सही क्यों न मुलाक़ात करें

उनकी रंगीन-मिज़ाजी के वास्ते ही सही
अपने रंगों में रँगी क्यों न सुर्ख़ बात करें

हाथ कोड़े तो हुए उनकी पीठें न हुईं
अपनी पीठों प' पलट क्यों न कशाघात करें

19.11.1978

5

हम बाज़ुबान हों न हों चर्चा तो आम है
जो कुर्सियों के लोग उन्हीं का निज़ाम है

पेजों के ठीक बीच महज़ वे ही दिप रहे
जिनका कि हाशियों पे असल में मुकाम है

हर ओर अचरजों का तमाशा भी कम नहीं
हण्टर उसी के हाथ जो कि बेलगाम है

क्योंकर ये इत्र बात पसीने की अब सुने
इसको वही हलाल हमें जो हराम है

नद्दी के तीर तीरथों की बात क्या करें
घाटों पे मरघटों का ख़ास इंतज़ाम है

संसद में कुर्सियाँ हैं कुर्सियाँ रियासतें
सेवक हैं/ स्वामियों-सा मगर तामझाम है

हर देश के हर चौक पे कायम अभी सलीब
सच बोलने का सिर्फ़ यही तो इनाम है

इस मुल्क़ की हालत प' मेरे दोस्त ज़रा सोच
जब से हुआ स्वतंत्र तभी से गुलाम है

25.11.1978

6

लोक पर जब भी कड़ा पहरा हुआ
तंत्र से संबंध ही गहरा हुआ

हैं बहुत बेचैन घड़ियाँ तो यहाँ
आदमी ही कुछ अभी ठहरा हुआ

चीख़ने लग जायँ जब बंदे कहीं
साफ़ मतलब है खुदा बहरा हुआ

राष्ट्र तो फुटपाथ पर बेदम बिछा
और उनका राष्ट्रध्वज फहरा हुआ

देश-भर का बोझ उन पर ही सही
देश किनके बोझ से दुहरा हुआ

10.1.1979

7

पाँव जिस ठौर हैं झाँकिए साहबो
हाल - हालात अब जाँचिए साहबो

तानपूरे - जमूरे असंगत हुए
राग कोई नया रागिए साहबो

रात भी करवटें अब बदलने लगी
रोकिए, रोकिए, जागिए साहबो

कूच पर आजकल खुद-ब-खुद रास्ते
भागिएगा कहाँ भागिए साहबो

दम नहीं दमकलों में बुझाएँ, बुझे
आग पर गोलियाँ दागिए साहबो

2.11.1979

8

ये ग़ज़ल है ही नहीं सिर्फ़ इत्तिला साथी
आह को राह मिली शब्द को सिला साथी

हमने हर बूँद पसीने को ठोसतर पाया
जाँचकर ताज-कुतुब और हर क़िला साथी

सजती रजधानियों में रोज़ उजड़ते देखा
अपना घर-गाँव-परगना औ' जिला साथी

हमने गूँगों की जुबाँ कुंद कलम को सौंपी
जिससे बहरे भी रहे आज तिलमिला साथी

ये जो लंका का तरफ़दार निज़ामे-सागर
फिर से तैरें जो इसे वे कहाँ शिला साथी

हमने माना कि इन्क़लाब अदब से न कोई
हमको भी कम तो नहीं आपसे गिला साथी

उनके आईन में बग़ावत है अगर सच कहना
फिर तो हम भी हैं बग़ावत में मुब्तिला साथी

27.11.1979

9

हमको हमारे नाम से ही ले रहे हैं लोग
शायद सबूत अक्ल का ही दे रहे हैं लोग

जो इम्तिहाने-आदमीयत फेलियर रहे
अक्सर हमारे वे ही फरिश्ते रहे हैं लोग

औरों की बात छोड़िए अपने नहीं हुए
क्या नाम दें उन्हें कि जो सबके रहे हैं लोग

हमने तो शब्द-शब्द रचा सिर्फ़ ख़ून से
वर्क़ों प' वर्क़ स्याह भी करते रहे हैं लोग

हम खुद कसौटियों से कहीं न्यूनतर नहीं
हैरत यही, कसौटियाँ कसते रहे हैं लोग

बंदा तो झोंपड़ों का धूल का अदीब है
ज़्यादा तो आसमान ही रचते रहे हैं लोग

30.11.1979

10

हमने खुद को नकारकर देखा
आप अपने से हारकर देखा

जब भी आकाश हो गया बहरा
खुद में खुद को पुकारकर देखा

उनका निर्माण-शिल्प भी हमने
अपना खँडहर बुहारकर देखा

लोग पानी से गुज़रते, हमने
सिर से पानी गुज़ारकर देखा

हमने इस तौर मुखौटे देखे
अपना चेहरा उतारकर देखा

1.2.1980

11

राह चलते ही नई वारदात और हुई
एक लम्हे की जनी इक जमात और हुई

हमने माना हरेक शख़्स आदमी है, मगर
आप कुछ और अगर हों तो बात और हुई

हमारे द्वार वो आए तो आदमी थे हमीं
उनके द्वारे जो गए हम तो ज़ात और हुई

आँकड़े जब से गवाही में आ गए उनकी
न्याय के साथ बात फिर बलात् और हुई

एक राजा को बचाने का खेल क्या कहिए
खप गई फ़ौज शह बचे कि मात और हुई

हमारे हाथ से सूरज का क़त्ल तो न हुआ
हमारे वास्ते फिर कैसे रात और हुई

1.2.1980

12

भेद लंका का सभी जान लिया
हम विभीषण ही सही मान लिया

राज अपना है पराया राजा
हमने नातों को इम्तिहान लिया

सोन-महलों में सच नहीं मिलता
सोच की छलनी लगा छान लिया

शीश दस बीस बाहुओंवाले
रावणी राज को पहचान लिया

हो कोई राम कहीं बनवासी
हम वहीं होंगे यही ठान लिया

ज़ुल्म काटेगा सिर निज़ामत का
अभी तो सिर्फ़ नाक-कान लिया

काल-धनुहीं की डोर पर हमने
तीर-सा खुद को स्वयं तान लिया

8.10.1980

13

रात लंबी रात से लंबे पहर
और ऊपर सर्द मौसम का क़हर

चुभ रही है रात आँखों में, मगर
रात के घर सो रही जाकर सहर

धुंध-कुहरा और अँधियारा सगे
रोशनी पीली पड़ी पीकर ज़हर

मखमली अँगड़ाइयाँ - ऊँचाइयाँ
और फुटपाथों बिछा चिथड़ा शहर

अश्रु ढुलके और जा ध्रुव पर बसे
नाम के सागर नहीं कोई लहर

10.1.1981

14

आग बिन गत-मुकत नहीं होगी
ज़िंदगी यों फकत नहीं होगी

दास्ताँ उनकी तवारीख़ हुई
दास्ताँ अपनी ख़त नहीं होगी

रोज़ आकाश गर निहारेंगे
शीश ता-उम्र छत नहीं होगी

पीढ़ियाँ ख़ाक़ नौंजवान हुईं
चाल यदि कुछ गलत नहीं होगी

लोग नाराज़ हों अगर खुद से
ज़ुल्मते-सल्तनत नहीं होगी

13.2.1981

15

वक़्त है वक़्त की तेज़ रफ़्तार है
जो नहीं चल रहा वो गुनहगार है

वक़्त को काटना है हँसी-खेल क्या
वक़्त तो खुद-ब-खुद एक तलवार है

बेवफ़ा हो भले ज़िंदगी मौत से
मौत को ज़िंदगी से बहुत प्यार है

वक़्त को जाँच लें बाँच लें हाथ से
अन्यथा व्यर्थ जाएगा अख़बार है

वक़्त के हाथ में तो घड़ी ही नहीं
हर घड़ी वक़्त की ही तलबगार है

वक़्त है सिंधु खुद में घुमड़ता हुआ
संग भाटा कभी तो कभी ज्वार है

सिर्फ़ खुद्दारियत ही खुदा दोस्तो
वक़्त भी है खुदा पर निराकार है

6.3.1981

16

जब तलक एक धारा नहीं दोस्तो
संग होगा किनारा नहीं दोस्तो

आँसुओं में पसीना बहे उम्र-भर
सिलसिला ये गवारा नहीं दोस्तो

चुप्पियाँ हैं अभी इसलिए चुप्पियाँ
चुप्पियों को पुकारा नहीं दोस्तो

राजमहलों के हम जो हुए हो चुके
होंगे अब ईंट-गारा नहीं दोस्तो

राख होने से पहले धधकना हमें
कोई अब और चारा नहीं दोस्तो

9.3.1981

17

एक अंदाज़ है
जो गिरी गाज है

आप नाराज़ हैं
आपका राज है

चील भी चीख़ती
घूरता बाज है

रोग पर रोग हैं
कोढ़ में खाज है

काल का फ़लसफ़ा
आज तक आज है

मूल का सिलसिला
ब्याज-दर-ब्याज है

लाख सिर कट गए
एक सिर ताज है

आप दिलदार हैं
दिल दग़ाबाज़ है

छीलिए मत उसे
प्याज ही प्याज है

11.3.1981

18

आइए, गाँव की कुछ ख़बर ले चलें
आँख-भर अपना घर खंडहर ले चलें

धूल सिंदूर थी कल तलक माँग में
आज विधवा-सरीखी डगर ले चलें

एक सुबहा सुबकती - सिमटती हुई
साँझ होती हुई दोपहर ले चलें

देह पर रोज़ आँकी गईं सुर्ख़ियाँ
चीथड़े खून से तर-ब-तर ले चलें

राम को तो सिया मिल ही मिल जाएगी
मिल सकें तो जटायू के पर ले चलें

खेत-सीवान हों या कि हों सरहदें
चाक होते हुए सब्ज़ सर ले चलें

राजहंसों को पाएँ न पाएँ तो क्या
संग उजड़ा हुआ मानसर ले चलें

देश दिल्ली की अँगुली पकड़ चल चुका
गाँव से पूछ लें अब किधर ले चलें

15.5.1981

19

लाइन में जाम हो जा यह रोज़गार दफ़्तर
रोज़ी के नाम रोज़ा यह रोज़गार दफ़्तर

क़िस्मत का न्यूज़पेपर तो छापता है बिरला
तू रिक्तियों में खो जा यह रोज़गार दफ़्तर

तू नेक बासनद है पढ़ना भी एक नेकी
दरिया समझ डुबो जा यह रोज़गार दफ़्तर

घर-भर का बोझ तुझ पर घर-भर का बोझ तू है
दोनों का एक बोझा यह रोज़गार दफ़्तर

ऊसर में अंकुरों की क्या बात रूख फूटें
नोटों के बीज बो जा यह रोज़गार दफ़्तर

क्या जागरण में रक्खा क्यों ताकता है चेहरे
सपने दिखेंगे सो जा यह रोज़गार दफ़्तर

पाँवों से शुरू होकर कब तक घिसेगा यों ही
हाथों से शुरू हो जा यह रोज़गार दफ़्तर

10.6.1981

20

हम हुए आजकल नीम की पत्तियाँ
लाख हों रोग हल नीम की पत्तियाँ

गीत गोली हुए शेर शीरीं नहीं
कह रहे हम ग़ज़ल नीम की पत्तियाँ

खून का घूँट हम खून वे पी रहे
स्वाद देंगी बदल नीम की पत्तियाँ

सुर्ख़ संजीवनी हों सभी के लिए
हो रहीं खुद खरल नीम की पत्तियाँ

आग की लाग हैं सूखते बाँसवन
अब न होंगी सजल नीम की पत्तियाँ

वक़्त हैरान हिलतीं जड़ें बरगदी
सब कहीं बादख़ल नीम की पत्तियाँ

एक छल है गुलाबी फ़सल देश में
दरअसल हैं असल नीम की पत्तियाँ

30.9.1981

21

हम जल रहे हैं दोस्तो इक आग के लिए
होते हुए मशाल हर चिराग़ के लिए

ग़म कम नहीं हैं गीत मगर ग़मज़दा नहीं
जिसको न स्वर मिला है उसी राग के लिए

हम कालकूट चाव से हर रोज़ पी रहे
ज़िंदा जो आस्तीं में उसी नाग के लिए

हर हाँफते हुए को जो घर-सा सुकून दे
सिर की क़लम लगा रहे उस बाग़ के लिए

हम आज काम पर हैं तो कल होंगे लाम पर
जो मुफ़लिसों का भाग्य उसी भाग के लिए

इस रीति के ख़िलाफ़ हम फूलों से फाग हो
खेलेंगे जिसे फूल उसी फाग के लिए

हम एक रसायन हैं स्वयं अम्ल हो रहे
आज़ाद गुलामी के अजब दाग़ के लिए

31.10.1981

22

आगाज़ अगर हो तो अंजाम तलक पहुँचें
कुछ इल्म मयस्सर हो इलहाम तलक पहुँचें

सरनाम बस्तियों में दरिया नहीं है कोई
दरिया-ए-दिल मिलेंगे बेनाम तलक पहुँचें

रिंदों में सूफियाना कुछ ढोंग भले कर लें
महफ़िल हो सूफ़ियों की हम जाम तलक पहुँचें

तालाश नए घर की भटके हुए नहीं हैं
यह बात अलग है कुछ हम शाम तलक पहुँचें

केवल कहानियाँ ही कुर्बानियाँ नहीं हैं
पैग़ाम जिएँ मिटकर पैग़ाम तलक पहुँचें

11.2.1982

23

ऊँची कुर्सी काला चोगा यही कचहरी है
कोलाहल दीवारों-जैसा चुप्पी गहरी है

चश्मा-टाई-कोट बगल में कुछ अंधी आँखें
जिरह करेंगी देहातों से भाषा शहरी है

कहीं-कहीं पागें-टोपी सिर नंगे कहीं-कहीं
कहीं किसी सूरज के सिर पर छाया ठहरी है

नज़र एक-सी जिनकी उनको दुनिया खुदा कहे
यहाँ खुदा ऐसे हैं जिनकी नज़र इकहरी है

मकड़ी का जाला तो मकड़ी का घर-द्वारा है
मच्छर के डर से मानुष के लिए मसहरी है

धारा-पर-धारा है फिर भी है बदबू भारी
कानूनी सागर की ज़द में कहीं जलहरी है

ये कैसी अनबन चंदनवन ये आख़िर कैसा
किसने विष ऐसा बाँटा हर फीता ज़हरी है

27.2.1982

24

बाख़बर हम हैं मगर अख़बार नहीं हैं
बाक़लम खुद हैं मगर मुख़्तार नहीं हैं

क्या कहा हमने भला इक शेर कह डाला अगर
कट गए वो और हम तलवार नहीं हैं

आप ही तो साथ थे अब आपको हम क्या कहें
जानते हैं रास्ते बटमार नहीं हैं

डूबिएगा शौक़ से हम तो डुबाने से रहे
हम नदी की धार हैं मझधार नहीं हैं

आप चीज़ें चाहते हैं आपकी औक़ात है
हम कहीं तक शामिले-बाज़ार नहीं हैं

आज तक सूरज हमारी देहरी उतरा नहीं
हैं नहीं रौशन भले अँधियार नहीं हैं

हो गए हैं एक सच उघड़ा हुआ हम आजकल
चाहतों में हैं मगर स्वीकार नहीं हैं

7.3.1982

25

मुश्किलों पर मुश्किलें लाता है दिन
खोलकर कुछ और कस जाता है दिन

रात-भर की ताज़गी को हर सुबह
दफ़्तरों तक ठेल ले जाता है दिन

रोटियों के वास्ते रोता कहीं
रोटियों के वास्ते गाता है दिन

ताकती धरती उदासी ओढ़कर
फूल की मानिंद झर जाता है दिन

जोतकर हर हाल ऊसर में हमें
दूसरों की फस्ल बन जाता है दिन

बेबसी - बैसाखियाँ थामे हुए
पास से निकला चला जाता है दिन

सोचता है आज उबेरगा मगर
आज के सँग डूब खुद जाता है दिन

6.6.1982

26

दर्द से कुछ इस तरह नाता रहा
दर्द का अहसास ही जाता रहा

शाम को हम सुबह तक ढोते रहे
और पहरेदार जगराता रहा

भूख का कैसे खुलासा हम करें
जिस्म अक्सर जिस्म को खाता रहा

इक समाजी कोढ़ अपनी ज़िंदगी
कोढ़ हमसे ज़िंदगी पाता रहा

दोस्ती हमसे हमारी रात से
भोर से हर शख़्स कतराता रहा

हम इबादत के लिए जाते कहाँ
द्वार पर जब हर खुदा आता रहा

3.7.1982

संदर्भ : 'सारिका' का देह-व्यापार विशेषांक।

27

अपने हर ज़ख़्म की बेख़ौफ़ कहानी कहिए
जिनकी आवाज़ नहीं उनकी जुबानी कहिए

कितने तारों ने कहाँ टूट खुदकुशी की है
कुछ भी ज़िंदा हों अगर आप निशानी कहिए

पर कतर डालना पंछी को उड़ाना बेपर
उनके जुल्मों की किसिम और पुरानी कहिए

घर के पेटों के लिए पीठ अबोला बचपन
ऐसे बचपन कहीं हो तो जवानी कहिए

हर तरफ जो भी अँधेरे हों अँधेरे कहकर
अपनी आँखों में बसी भोर सुहानी कहिए

27.1.1983

28

रोगी - रोग - दवा - आशाएँ अस्पताल की बातें हैं
कमरा-खिड़की और हवाएँ अस्पताल की बातें हैं

योग्य डॉक्टर पैथी-सिम्पैथी के नुस्खे नए-नए
लाइलाज फिर भी चिंताएँ अस्पताल की बातें हैं

जीते-जी बीमार कई नामों की तो सेहत देखो
मरकर अस्पताल कहलाएँ अस्पताल की बातें हैं

फूल मयस्सर हुए न जिनको पूजा तक के लिए कभी
उनको गुलदस्ते महकाएँ अस्पताल की बातें हैं

खालीपन-बैचेनी दोनों हमबिस्तर हम सोच रहे
क्या कर लें किस पर चिल्लाएँ अस्पताल की बातें हैं

नीम-हकीमी मजमेशाही थर्मामीटर का युग है
कहिए किसको हाथ दिखाएँ अस्पताल की बातें हैं

अस्पताल के जिस्म-ज़हन में भी तो हैं अनगिन फोड़े
वे भी जड़ से काटे जाएँ अस्पताल की बातें हैं

23.5.1983

29

बतलाए देते हैं यों तो बतलाने की बात नहीं
खलिहानों पर बरस गए वो खेतों पर बरसात नहीं

नदियाँ रोकीं बाँध बनाए अपना घर-आँगन सींचा
औरों के घर डूबे फिर भी उनका कोई हाथ नहीं

धरती नापें तीन पगों में क़िले-कोठियोंवाले लोग
जिनका राज-सुराज स्वप्न में भी उनके फुटपाथ नहीं

हुए धरम-पशु अपने-अपने धरम-गुरु तो चीज़ बड़ी
जिनके मंदिर-मस्जिद उनकी कोई जात-कुजात नहीं

कई बार देखा-परखा है हाथ मिला हमने उनको
वे तो उद्घाटनकर्ता हैं नींव रखें औक़ात नहीं

3.9.1983

30

सोचकर बैठी है 'घर से' डाकिया बीमार है
बेख़बर आँगन ख़बर से डाकिया बीमार है

गाँव-घर-पगडंडियाँ सड़कें वही मोटर वही
पर खुशी आए किधर से डाकिया बीमार है

दो महीने हो गए पैसे नहीं पाती नहीं
कुछ न कुछ आता शहर से डाकिया बीमार है

सैकड़ों ख़तरे सदा परदेस का रहना बुरा
सूखना हरदम फिकर से डाकिया बीमार है

आँख दाईं लैकती है और सपने भी बुरे
बिल्लियाँ रोती हैं स्वर से डाकिया बीमार है

बाल-बच्चों का न उसका पैराहन साबुत रहा
खुलनेवाले हैं मदरसे डाकिया बीमार है

भूख-बेकारी दवा-दारू कुबेरों की नज़र
हर कदम लड़ना जबर से डाकिया बीमार है

5.9.1983

31

पढ़िए तो आँख पाइए सुनिए तो कान हों
मुमकिन है दिल-दिमाग़ पर गहरे निशान हों

सदियों से किताबें जो हमें जाँच रही हैं
उनके भी हर सवाल के अब इम्तिहान हों

जो सिर्फ़ रोब-दाब हैं ज़िल्दों की शक्ल में
पन्नों में उनके स्यात बड़े ख़ानदान हों

कितने ही लोग-बाग अँधेरे कुओं में हैं
बेमायने हैं शेर अगर आसमान हों

कुछ शब्द गोद ले भी लिए तो भी क्या हुआ
हम हों अगर अदीब तो माँ के समान हों

19.4.1984

ह ग़ज़ल हरिशंकर परसाई को पढ़ते हुए।

32

दीनो-धरम में अब नहीं कोई कमी यहाँ
पूजाघरों में पुज रहे आदिमयुगी यहाँ

सदियों तपे हैं लोग ज्ञान-ध्यान के लिए
बंदों से बड़ी हो गई है बंदगी यहाँ

सारे जहाँ में देखने क़ाबिल है देश ये
जैसे जलें चिताएँ जलें आदमी यहाँ

गौतम से हम चले थे मगर गोडसे हुए
अम्नो-अमन के नाम तरक़्क़ी यही यहाँ

जिसकी नहीं है जात नहीं धर्म है कोई
जो आदमी है सिर्फ़ वही अजनबी यहाँ

5.11.1984

33

क्या जानूँ क्यूँ उमड़ा होगा पहली-पहली बार समंदर*
बूँद-बराबर रह जाता हूँ देख तेरा विस्तार समंदर

जाने कब से खोज रहा हूँ मिला नहीं माझी तेरे-सा
लहर-लहर तरणी है तेरी लहर-लहर पतवार समंदर

सोच रहा धरती छूने की होड़ तरंगों में किस कारण
जिस तट पर इंसान बसा है उससे तुझको प्यार समंदर

मुझको तो तेरी मर्यादा पराधीनता ही लगती है
यों ही टूट न पाता तेरी बेचैनी का तार समंदर

सही बात है तेरे बदले मैं रत्नाकर होता कैसे
सारी दुनिया में फैला है तेरा कारोबार समंदर

पता नहीं जलचर सब तेरे किसके पाँव पूजते होंगे
छीन लिया है तुझसे मैंने तेरा हर अवतार समंदर

अपने मन-अनुकूल सदा ही शायद मैंने तुझको जाना
सुख में अट्टहास लगता है दुख में हाहाकार समंदर

शायद कुछ गहराई मिलती शायद कुछ मोती मिल जाते
अगर कहीं तेरा तट होता अपना भी घर-बार समंदर

समझ रहा हूँ तेरी भाषा फिर भी भाषा ही मजबूरी
वरना हो ही जातीं तुझसे बातें भी दो-चार समंदर

23.1.1985

---

*पुडुच्चेरि समुद्र-तट पर पहली बार सागर-दर्शन।

34

अग्निधर्मा हैं मगर इस आग का हम क्या करें
ज़ख़्म को जो और गहराए वो मरहम क्या करें

दीनो-मज़हब के फरेरों से खुदा हैरान है
आदमी का क़द घटाएँ ऐसे परचम क्या करें

क़त्ल होते आदमी को देखकर कुछ यूँ लगा
हो गया है दिल ही पत्थर रस्मे-मातम क्या करें

लोग जैसे जी रहे हैं दाद मिलनी चाहिए
हैं नहीं खुशियाँ मगर खुशफहमियाँ कम क्या करें

क़ब्र में लटकी हुई है यूँ तो ये खूनी सदी
बीस से इक्कीस होगी ख़ैरमक़दम क्या करें*

12.2.1985

---

* और अब 21वीं सदी में इस शेर को यों भी पढ़ा जा सकता है—

क़ब्र में जा ही चुकी है यूँ तो वो खूनी सदी
बीस से इक्कीस ही है ख़ैरमक़दम क्या करें

35

क़ातिल है और हम हैं और क़त्लगाह है
सीधी न सही तो भी हमीं पर निगाह है

बेनूर ज़माने की उन्हें ख़ास फ़िक्र है
चेहरों पे उनके नूर यूँ ही बेपनाह है

रखनी है सचाई तो स्वर्णपात्र खोजिए
कूजे में सच न डालिए उनकी सलाह है

हम खुद ही खुदाओं की अदालत के मामले
फिर कैसे यह कहें कि खुदा ही गवाह है

अपना गुनाह आप तलाशा तो पा लिया
हम क्यों हैं बेगुनाह यही तो गुनाह है

12.5.1985

36

वक़्त गुज़रा ग़म नहीं गुज़रे
इसलिए ही हम नहीं गुज़रे

हादसा / इनसान ज़िंदा है
हादसे यों कम नहीं गुज़रे

चैत से फागुन हुईं आँखें
आँख से मौसम नहीं गुज़रे

धूल बाक़ी है धुआँ बाक़ी
राह से हमदम नहीं गुज़रे

एक हसरत रू-ब-रू उनके
ठोंककर हम ख़म नहीं गुज़रे

9.11.1985

37

क्या कुछ कहें और फिर कैसे समझाओ आलोचक जी
पोथों से जो भी सीखे हो सिखलाओ आलोचक जी

हम दोनों के बीच सदा से सास-बहू जैसा रिश्ता
हम पीहर की याद करें तुम गरियाओ आलोचक जी

लीर-लीर भाषा में रचना हाय-हाय बिल्कुल नंगी
घूरो मत, रेशम-खादी ही पहनाओ आलोचक जी

जग-जाहिर तुम हुए डॉक्टर फिर ये कैसी बीमारी
नए खून के भी कुछ आखर पढ़ जाओ आलोचक जी

कोई भी तो बात नहीं है ऊँची अब लिटरेचर में
कहते रहो यही खुद ऊँचे कहलाओ आलोचक जी

अपने अनुभव को सागर की उपमा दो प्रतिमान कहो
औरों का हर अनुभव पोखर ठहराओ आलोचक जी

लिए असाँचे साँचे अपने रचनाएँ तालाश करो
रचनाओं में रचा हुआ सच झुठलाओ आलोचक जी

3.4.1986

38

घर में मौसम की उम्मीदें लिए हुए बैठे हैं लोग
मौसम आया बंद खिड़कियाँ किए हुए बैठे हैं लोग

यूँ भी अब मौसम-वौसम की बातों का क्या मोल रहा
बेमौसम ही हर मौसम को जिए हुए बैठे हैं लोग

मयख़ानों के बाहर-भीतर लोग सभी बाहोश मिले
बुतख़ानों में जब-जब झाँका पिए हुए बैठे हैं लोग

धर्मचारियों की संतानें सत्यंवद् भी पढ़े हुए
अपने हाथों अपने मुँह को सिए हुए बैठे हैं लोग

लहराती मुट्ठी दौलत को छीन-छानकर बाँटेगी
खाली संदूकों में ताले दिए हुए बैठे हैं लोग

7.7.1989

39

आप गाने की बात करते हैं
किस ज़माने की बात करते हैं

लोग करते जो बया को बेघर
घर बनाने की बात करते हैं

लौटकर जा रहे गुफाओं में
दूर जाने की बात करते हैं

जो नहीं आज के / ज़माने के
आजमाने की बात करते हैं

बोझ सिर पर हैं इबादतगाहें
सिर उठाने की बात करते हैं

29.11.1992

40

आ गए हैं तो एहतराम करें
अब यही काम सुबहो-शाम करें

हाथ जूता जो तरक़्क़ी के नया
उसको सहने का चलन आम करें

किस तरह खाएँ सीख लें पहले
पीछे खाने का इंतज़ाम करें

लोग जो भी हैं अदब से ऊपर
उनको दंडौत औ' सलाम करें

देश बाज़ार हो गया सारा
हो तो ईमान ही नीलाम करें

17.3.1994

41

इन ख़तों को सँभालकर रखना
दौरे - वीरान में शजर रखना

हर तरफ बुत हैं और बुतख़ाने
अपने अहसास पर नज़र रखना

ज़िंदगी बूँद - भर नहीं होती
दिल को हर हाल समंदर रखना

यूँ तो अच्छा है जानना सबको
खुद से खुद को भी बाख़बर रखना

लोग खुश हैं कि हैं मकानों में
अपनी चाहत में एक घर रखना

21.3.1995

42

घर से बाहर आने में क्या डर साथी
डर से अगर घिरा हो पूरा घर साथी

खुला नया बाज़ार खुले सौदागर हैं
कबिरा का ही फिर से लुटा हुनर साथी

इन्क़लाब ख़बरों का ख़बरें बरस रहीं
ख़बर नहीं जो उनकी कहाँ ख़बर साथी

अजब समाँ है अजब शायरी लोग अजब
सब कुछ है पर कुछ भी नहीं असर साथी

मायावी अंकों की माया है माना
ऐसा भी कम होता नहीं सिफर साथी

बैठ गए तो बैठ गए दुखड़े सिर पर
कट जाता है गाते हुए सफ़र साथी

छोड़ नहीं देते लड़ना तूफ़ानों से
टूट - उखड़ जाते हों भले शजर साथी

3.11.1995

43

कई बार वैसे तो हम भी छपे - उपे अख़बारों में
फिर भी कब शामिल हो पाए बड़े - बड़े फ़नकारों में

पढ़ने को पढ़ लेते हम भी लेकिन क़द ही कम निकला
कुछ ऊँचे आदर्श टँके थे पत्थर की मीनारों में

बिक जाते बावक़्त अगर हम मालामाल हुए होते
नाम लिखा ही लेते अपना ऊँचे इज्ज़तदारों में

चाह न होती मैदानों की बियाबान में क्यों होते
पहुँचे हुए अगर हम होते तो होते बाज़ारों में

जुड़े नहीं होते धरती से तो हम भी उड़ते फिरते
लोग उड़े फिरते हैं जैसे हवाबाज़ गुब्बारों में

11.11.1995

44

तीरगी है तो मशालें हैं मसअला कैसा
चंद ख़ेमों के उखड़ने से ज़लज़ला कैसा

कल जो गुज़रा है तवारीख़ की तरह गुज़रा
उसकी स्याही या सफ़ेदी का अब गिला कैसा

हम तो कल भी थे आज भी हैं रहेंगे कल भी
उनसे पूछो तो ज़रा है ये सिलसिला कैसा

फ़ासले यूँ तो हक़ीक़त हैं आज की लेकिन
लुटनेवालों का लुटेरों से फ़ासला कैसा

वो जो उड़ते हैं उड़ें रोज़ ज़मीं पर हम हैं
कल को चौंकेंगे वही फिर ये क़ाफ़िला कैसा

ज़िंदगी है तो ज़िंदगी से पूछना क्या है
रू - ब - रू मौत से भिड़ने का हौसला कैसा

क़त्ल करते हैं बताते हैं ख़ुदकुशी की है
वो क्या समझेंगे भला है ये करबला कैसा

22.11.1995

45

हँसी तुम्हारी निर्झर जैसे
हँसे समूचा मंज़र जैसे

दूर क्षितिज तक तुम ही तुम हो
लहराता हो सागर जैसे

मैंने तुमको अक्सर देखा
बेघर सपनों में घर जैसे

चाहे जैसा भी जंगल हो
तुम हो एक सनोबर जैसे

सारी दुनिया तो पोथी है
तुम हो ढाई आखर जैसे

14.12.1995

46

लोग ग़ज़लें कह रहे हैं हम ग़ज़ल कैसे कहें
है रवायत पर तग़ज़्ज़ुल पर दख़ल कैसे कहें
दर्दे - दिल कहिए तो कह दें पर सुनाएँगे किसे
कानवालों की कमी है आजकल कैसे कहें
हर तरफ बाज़ार है रंगत नई संगत नई
किसलिए हम हैं सभी से बेदख़ल कैसे कहें
आँकड़े खुशहालियों के मालियों का मालोज़र
खेत को खाए जो खुद उसको फ़सल कैसे कहें
मंच पर जो सज रहे हैं खूबसूरत खूब हैं
बदनीयत कहिए तो कहिए बदशकल कैसे कहें
लूटिए लेकिन शराफ़त से स्वयं लुट जाएँगे
कुछ कहे दुनिया हमें हम बेअकल कैसे कहें
वे बहुत खुश हैं हिरावल हर तरह बिखरा हुआ
कल नहीं होगी कहीं से भी पहल कैसे कहें
आदमी की मौत का क्या है दिखाई दे न दे
रूह का हो ही नहीं सकता क़तल कैसे कहें
एक दुनिया चाहतों में दूसरी है रू - ब - रू
किस तरह होगा उसूलों पर अमल कैसे कहें
यूँ तो हमने आज तक कुछ भी नहीं ऐसा कहा
हाँ, असल होकर नहीं होंगे नकल कैसे कहें
दोग़ला है दौर यह सच आलिमों की जेब में
मसअला है शब्द को अपने असल कैसे कहें

20.12.1995

47

चिट्ठी से पहले चिट्ठी पर तसलीमा[1] का नाम लिखो
उसके नीचे लाल कलम से मेरा लाल सलाम लिखो

लिखो तुम्हारी जिन आँखों ने आँखों को बीनाई दी
उन आँखों का इससे बढ़कर हो कोई तो काम लिखो

लिखो जिसे लिखने के कारण सज़ा मौत की मिलती है
धर्म और मज़हब के खाते लाखों क़त्लेआम लिखो

लिखो हमारे देस - मुलुक में भी कुछ बीरबानियाँ हैं
जैसे इक भँवरीबाई[2] है उसका भी घर - गाम लिखो

लिखो जिसे पढ़ने पर पढ़नेवाले भी बगलें झाँकें
हम-जैसे अनपढ़ लोगों में उनका सही मुक़ाम लिखो

लिखो साथ में हैं कहने को सहने को भी शायद हों
अगर नहीं तो इस फ़ितरत पर कैसे लगे लगाम लिखो

लिखो तुम्हारे - जैसी कलमें बूंदकों की तरह उगें
वरना बेहतर है लिखने से पहले पूर्ण विराम लिखो

11.3.1996

. बांग्ला लेखिका तसलीमा नसरीन।

. राजस्थान के एक गाँव में सामंती उत्पीड़न के विरुद्ध संघर्षशील महिला।

48

हम नहीं खाते हमें बाज़ार खाता है
आजकल अपना यही चीज़ों से नाता है

पेट काटा हो गई खासी बचत घर में
है कहाँ चेहरा मुखौटा मुस्कुराता है

नाम इसका और उसके दस्तख़त हम पर
चेक बियरर हैं जिसे मिलते भुनाता है

है ख़रीदारी हमारी सब उधारी पर
बेचनेवाला हमें बिकना सिखाता है

सामने दिखता नहीं ठगिया हमें यों तो
हाँ, कोई भीतर ठहाका - सा लगाता है

16.3.1996

49

और भी ख़बरें अभी बाक़ी
बेदिलों की दिल्लग़ी बाक़ी

हो चुके इतिहास सब दुर्दिन
बीतने को है सदी बाक़ी

आदमी पत्थर हुआ तो क्या
आदमीयत की नदी बाक़ी

सिर्फ़ ठग ही ठग भले हों सब
रह न पाएगी ठगी बाक़ी

चार दिन का ही अँधेरा है
चाँदनी के दिन सभी बाक़ी

28.3.1996

50

दुख कहाँ से आ रहे बतलाइए
और कब तक जा रहे बतलाइए

भूख कब से द्वार पर बैठी हुई
आप कब से खा रहे बतलाइए

काम से जो लोग वापस आ रहे
रो रहे या गा रहे बतलाइए

काम कीजे चाह फल की छोड़िए
आप क्यूँ समझा रहे बतलाइए

आम बौरेंगे तो महकेंगे ज़रूर
आप क्यूँ बौरा रहे बतलाइए

मानते हैं आप हैं जागे हुए
पूछते हम क्या रहे बतलाइए

29.3.1996

51

सुंदरियाँ क़द्दावर भी हों अच्छा लगता है
दिलवर सही दिलावर भी हों अच्छा लगता है

कुछ अनकहे कहे कुछ खुद से दुख रोते-गाते
बनकर क्षोभ उजागर भी हों अच्छा लगता है

घर में हो बाज़ार - बनावट ऐश - कैश पूरा
लेकिन ढाई आखर भी हों अच्छा लगता है

ज्ञान - ध्यान - फ़लसफ़ा - पोथियाँ पढ़ना इतराना
अपने राम निरक्षर भी हों अच्छा लगता है

बेमाने बेशर्म सिरों का उठना या झुकना
हाँ, कुछ कटे हुए सिर भी हों अच्छा लगता है

26.4.1996

52

क़िस्से कहाँ गए वो कहानी कहाँ गई
मिट्टी की सगी गंध पुरानी कहाँ गई

कहने को दिल वही है वही है ज़ुबान भी
खुसरो कबीर मीर की बानी कहाँ गई

ग़ालिब का दौर और था ग़ालिब भी और थे
पूछो न वो अंदाज़े - बयानी कहाँ गई

जो हैं अदीब तोड़ सितारों को ला रहे
हम हैं कि मुश्ते - ख़ाक़ भी छानी कहाँ गई

महफ़िल में मजमुओं की मिसालों की गूँज है
चुप्पी जो मानीख़ेज़ है मानी कहाँ गई

सागर की आह - वाह के चर्चे हैं सब कहीं
सहरा की दिली बात बख़ानी कहाँ गई

क़ैदी है तलघरों में हवा धूप ताज़गी
कहिए तो ज़रा शाम सुहानी कहाँ गई

आता ज़रूर हाथ मिलाने को हर खुदा
ऐसी असल में ठान ही ठानी कहाँ गई

पैदा हुए बिना ही यहाँ जो बुज़ुर्ग़ हैं
मुड़ - मुड़ के देखते हैं जवानी कहाँ गई*

23.7.1996

* तर्ह के लिए यह मिस्रा स्व. सागर पालमपुरी का।

53

लोग रहते थे जिन मकानों में
खूब बदले हैं वो दुकानों में

क़र्ज़ ही नुस्ख़ - ए - तरक़्क़ी है
चलिए चलते हैं शफ़ाख़ानों में

ख़ास मेहमाँ हैं पेप्सी - कोला
ख़ास हम भी हैं मेज़बानों में

इश्क़ डॉलर से रश्क़ डॉलर से
रूप रुपए का नाबदानों में

जिस्म सोना है रूह तो राँगा
क़द्रो - क़ीमत है क़द्रदानों में

रोज़ उड़िए उक़ाब की नाईं
पंख जिसके भी हों उड़ानों में

लोग बेकार नापते सड़कें
कार ढलती हैं कारख़ानों में

7.1.1997

54

दिल कहाँ धड़कन कहाँ मत पूछिए
घूरता है वक़्त नीयत पूछिए

बेशक़ीमत आदमी होगा ज़रूर
क्या है उसकी आज क़ीमत पूछिए

नाम पर गुरबत के साजिश लूट की
और क्या कुछ है निज़ामत पूछिए

जो तरक़्क़ी है गुलामी भी वही
क्या अलग कल की बनिस्बत पूछिए

यूँ सरो - सामान लिखने का सभी
लिख नहीं पाते हैं क्यूँ ख़त पूछिए

शायरी में रंगो - बू क्या बात है
पर नदारद क्यूँ इबारत पूछिए

पूछने को और क्या बाक़ी रहा
बेज़ुबाँ आँखों में दहशत पूछिए

25.3.1997

55

आप लिखकर कीजिए या मुँहज़बानी कीजिए
देश अब खुशहाल है बातें सुहानी कीजिए

हर तरफ़ सब्ज़ा ही सब्ज़ा है कहीं बंजर नहीं
अब समंदर में उतरकर बाग़बानी कीजिए

भूख अब मुद्दा नहीं है मुद्दआ भूखे हैं जो
उनसे कहिए भूख ही की मेज़बानी कीजिए

हम जो करते हैं उसे कहते नहीं हैं दोस्तो
आप से ही क्यों कहें फिर बेईमानी कीजिए

तंज़ करना हो तो कीजे हम गिला करते नहीं
पर ग़ज़ल कहिए न इसको मेहरबानी कीजिए

11.7.1997

56

चाँद कहिए या चंद्रमा कहिए
उसके होने को ही कहा कहिए

बात तफ़सील से कहें बेहतर
और बेहतर हो मुद्दआ कहिए

वो चले जाएँ चलेगी महफ़िल
उनके जाने को मरहबा कहिए

उम्र - भर पूछते रहे दिल से
क्या किसी शै ने भी छुआ कहिए

यूँ तो उम्मीद है नहीं कोई
फिर भी उम्मीद हो तो क्या कहिए

5.5.1998

57

आइए चलते हैं थोड़ा घूमना हो जाएगा
बदलियाँ भी साथ हैं दिल दोगुना हो जाएगा

यह थकन टूटन उदासी बेवजह बेशक नहीं
बावजह रोने से भी किसका भला हो जाएगा

लोग बेघर - बार हैं बेचेहरा लेकिन नहीं
देखिए बाग़ौर खुद से सामना हो जाएगा

दौरे - मुश्किल है चलो तो कुछ तो ठठाकर देख लें
क्या पता कल किसलिए हँसना मना हो जाएगा

दोस्ती है दुश्मनी भी और यह उम्मीद भी
एक दिन हर शख़्स मेरा आशना हो जाएगा

बेवजह जलते नहीं जलना अगर हम छोड़ दें
रात गहराएगी अँधियारा घना हो जाएगा

मान लीजे वक़्त ही बेवक़्त आ पहुँचा अगर
वक़्त की वल्गा को बढ़कर थामना हो जाएगा

काश, हमसे इस फ़क़ीरी में कबीरी भी सधे
ठाठ अपनी शायरी का शाह'ना हो जाएगा

हारकर भी जीतने का गुर अगर हम सीख लें
पूछिए मत ज़िंदगी में क्या से क्या हो जाएगा

13.7.1998

58

आप से कैसे कहें कौन - सा हमें डर है
आग मेहमान हुई और फूस का घर है

ख़ौफ़ उस जैसा यहाँ और दूसरा न कोई
वो कहीं है ही नहीं और हर जगह पर है

झूठ कहती है सचाई कि बोलती सच है
उसकी साबुत है ज़ुबाँ और सलामत सर है

एक मुंसिफ़ की तरह दिल है पूछिए खुद से
कौन मोमिन है यहाँ और कौन क़ाफ़िर है

जश्न - जैसा है नुमाइश है हमारी ख़ातिर
जिस्म हर ओर पसीने का खून से तर है

उनके दरबारो-दर की बात पूछते क्या हो
ठौर ठोकर के लिए है तो उन्हीं का दर है

कुछ दिमाग़ों ने इधर बैठके मेहनत की है
हाथ कहते हैं यही मुल्क़ का मुक़द्दर है

3.10.1997

59

हम ठिकाने के लिए भटके बहुत
यों ठिकाने कम नहीं थे, थे बहुत

चाहतें मिलने की लेकिन क्या करें
लोग तो मिलते हैं पर खुद से बहुत

किस तरह फूले - फले पूछा ही था
दोस्त थे सुनकर मगर बिगड़े बहुत

क़द्रो - क़ीमत रह गई अब काग़ज़ी
वरना हम भी थे कभी अच्छे बहुत

राह से दिल की कभी गुज़रे नहीं
यों शिकायत है उन्हें हमसे बहुत

12.12.1997

60

बेतरह मुश्किल में हूँ
आपकी महिफ़ल में हूँ

बेदिली अपनी कहूँ
बेदिलों के दिल में हूँ

मुस्कराना हो न हो
दूधिया खिलखिल में हूँ

जोड़ने में जो गया
मैं उसी हासिल में हूँ

किस तरह दे दूँ पता
हूँ रहे - मंज़िल में हूँ

21.2.2000

61

आदमी के पर अगर होते
आसमाँ में भी नगर होते

धूप में जलता नहीं कोई
गर दिलों में ही शजर होते

चाह मंज़िल की अगर होती
रास्ते भी राहबर होते

बेचते ही क्यों हुनर अपना
काश, हम भी बाहुनर होते

बेख़बर होते अगर खुद से
सुर्ख़ियाँ होते ख़बर होते

23.10.2000

62

गिर अगर जाएँ तो उठ जाएँगे हम
उनकी दुनिया को बहुत भाएँगे हम

क्या नहीं होंगे भला उनके लिए
उनकी ख़ातिर गीत गर गाएँगे हम

ला रहे हैं वो सभी कुछ ला रहे
जो नहीं अब तक मिला पाएँगे हम

आदतन खाएँगे वो सब कुछ अगर
सेहतन कम और ग़म खाएँगे हम

शायरी तो हो मगर शिकवा न हो
बाअदब बाज़ौक़ कहलाएँगे हम

19.12.2000

63

बरसात हो रही है बरसात हो रही है
धरती से आस्माँ की यूँ बात हो रही है

छज्जों से दरीचों तक झालर है मोतियों की
आँगन में बुदबुदों की बारात हो रही है

रिमझिम का खुले खेतों फसलों से प्यार करना
धानों की बालियों में नग़मात हो रही है

बिजली का बादलों से यह खेल - खिलखिलाना
हर सू शबे - चराग़ाँ शब्बेरात हो रही है

तारों से जुगनुओं से रिश्ता है इक पुराना
डरने की बात क्या है गर रात हो रही है

17.6.2001

64

लड़कियाँ लेकर नहीं चलतीं दुपट्टा लड़कियाँ
हो गईं शर्मो - हया के नाम बट्टा लड़कियाँ

बेवजह खुसफुस करेंगी दाँत फाड़े जाएँगी
इस क़दर पहले कहाँ करती थीं ठट्ठा लड़कियाँ

भाभियों से होड़ ऐसी हद हुई मत पूछिए
लग गई हैं छीनने उनसे ही खट्टा लड़कियाँ

बाखुशी होने लगी हैं खुद कुजातों की सगी
ख़ानदानों की जड़ों में डाल मट्ठा लड़कियाँ

देखिए अब जिस तरफ भी उस तरफ मौजूद हैं
हक़ - हकूकों के लिए होकर झपट्टा लड़कियाँ

5.6.2005

65

अँधियारे की दुल्हिन बनकर फिर दीवाली आई जी
पहुँचा आए बहन - बेटियों के घर मान - मिठाई जी

सुबह - सवेरे से ही घर की लछमी है हलकान बहुत
लछमी जी घर में आएँगी घर की हुई सफाई जी

हाथी - घोड़े खील - बताशे कुछ फुलझड़ियाँ फूलों को
बाकी कुछ दीया - बाती से होगी रस्म - अदाई जी

बल्बों - फानूसों से जगमग - जगमग महानगर सारे
धुर देहातों के हिस्से में सीली दियासलाई जी

पूजा की थाली में सिक्का बहुत पुराना चाँदी का
और इधर डॉलर के हाथों गिरवी पाई - पाई जी

29.10.2005

66

पोर - पोर पुखराज जड़े हैं
पैसा पहने हुए खड़े हैं

जड़ें बहुत गहरी हैं यूँ तो
फिर भी कुछ उखड़े - उखड़े हैं

उड़ते हुए पूछते हमसे
हम मिट्टी में क्यूँ लिथड़े हैं

क्या कर पाया यह मुहावरा
दर्शन छोटे नाम बड़े हैं

बेतुक बावजूद हैं तुक के
वो अगड़े हैं हम पिछड़े हैं

17.7.2006

67

दौर एस् एम् एस का है चिट्ठियाँ रहने भी दें
आज तक जो अनकहा था अब उसे कहने भी दें

दे रही हैं जो उमंगें अब दुपहियों को हवा
उस हवा को बंद तहख़ानों तलक बहने भी दें

कल तलक जो लोग थे सिरमौर पागों की तरह
अब उन्हीं पागों को पाँवों का वज़न सहने भी दें

हो न हो कुछ बेहतरी भी हो नई तामीर में
खिर चुके इन खँडहरों को बाखुशी ढहने भी दें

हम नहीं कहते ग़ज़ल के हुस्न पर मत जाइए
इस सरापा हूर को कुछ रूह के गहने भी दें

27.7.2006

68

हाथ में थामे हुए ख़त मुफ़लिसी
फिर मिली करती शिकायत मुफ़लिसी

लोग जो गोदाम - दर - गोदाम हैं
कह रहे हैं वो रवायत मुफ़लिसी

माँगना - खाना जिन्हें आता नहीं
है उन्हें गाली निहायत मुफ़लिसी

आदमी गुर्बतज़दा कुछ इस तरह
लग रही उसको इनायत मुफ़लिसी

कोशिशें उनकी यही हो जाय कल
मुफ़लिसों के वास्ते लत मुफ़लिसी

27.3.2007

69

काठ - कंधे के सहारे नींद उनकी हाय - हाय
और मैं ही सुन रहा हूँ दिल की धुनकी हाय - हाय

बंद आँखों देखना सब कुछ यहाँ जिनकी अदा
हैसियत क्या सामने उनके अपुन की हाय - हाय

कुछ न कुछ होता था कल मौसम में मौसम की तरह
अब कहाँ फागुन के मौसम में वो खुनकी हाय - हाय

पूछिए मत हाल रिश्तों का रिवाजों का यहाँ
बेमज़ा लगती मिठाई भी शगुन की हाय - हाय

कल तलक तो साफ थीं शफ़्फ़ाफ़ थीं पर आजकल
हो रही बेहुरमती गंगो - जमुन की हाय - हाय

13.11.2009

70

रात मैं रात-भर नहीं सोया
ख़्वाब हर ख़्वाब धुंध में खोया

आम था हादसा लगा लेकिन
साथ मेरे ही ये हुआ गोया

मार मौसम भी फ़स्ल को जाता
बीज बेशक हो शोधकर बोया

आदमी हूँ तो बेकसूर कहाँ
बोझ रिश्तों का अनतुला ढोया

रोज़ हँसता तो किस तरह हँसता
जन्म लेते ही जब नहीं रोया

22.12.2009

71

कुछ तो हैं खुद खराब कुछ संगत खराब है
बेदिल को दिल दिया है मगर गत खराब है

रफ़्तार तार-तार है राहें धुआँ-धुआँ
बाएँ के बाईपास की हालत खराब है

कलयुग में कालनेमि ने जब से क़दम रखा
तब ही से राम-नाम की रंगत खराब है

सपनों के फूल-वूल तजुर्बों की गंध है
अनमोल मुहब्बत है मुहब्बत खराब है

सब कुछ को ही खराब बताने की बात क्या
बुनियाद ही कहाँ है कहें छत खराब है

11.8.2010

72

बीज बोए थे खुशी के खुदकुशी बोई न थी
चार कंधों पर फ़सल ऐसी कभी ढोई न थी

खेत-खलिहानों में मातम मंडियों में जश्न है
गो कि मेहनत की कभी क़िस्मत यहाँ सोई न थी

हर तरफ गुलज़ार है बाज़ार जी चाहे जो लो
मिरजई-धोती के हाथों में नई लोई न थी

बाढ़-सूखा तो हज़ारों साल लंबा सिलसिला
बेबसी आँखों से लेकिन इस तरह रोई न थी

बीस ही क्यों अनगिनत सदियों से गुज़रा आदमी
ज़िंदगी की चाह में यूँ ज़िंदगी खोई न थी

26.8.2010

यह ग़ज़ल महाराष्ट्र के विदर्भ क्षेत्र से गुज़रते हुए।

73

सड़कों पर ग़ज़लें ही ग़ज़लें पड़ी हुईं
फुटपाथों पर सोईं जागीं बड़ी हुईं

कौन देस से आईं क्या खोया-पाया
इन ग़ज़लों ने जो साँचे में जड़ी हुईं

वे भी ग़ज़लें ही थीं जिनको कल देखा
चिथड़ों में थीं चौराहों पर खड़ी हुईं

कुछ ग़ज़लें आकाशबेल-सी दिखती हैं
कुछ दिखतीं अपनी धरती में गड़ी हुईं

भावों के पंखों पर उड़तीं कुछ ग़ज़लें
कुछ केवल थोथे शब्दों की लड़ी हुईं

8.9.2010

74

सुबह से चल रहे हैं चल रहे हैं शाम की ख़ातिर
मगर चलते नहीं हैं हम महज़ व्यायाम की ख़ातिर

कई मौसम जिए हमने चमन भी कम नहीं घूमे
लहू के घूँट पर भूले नहीं हैं जाम की ख़ातिर

रगें रौशन अभी तक हैं महकता है पसीना भी
किए हैं काम जो हमने नहीं थे नाम की ख़ातिर

रहे लंका में हम बेशक अयोध्या भी रही मन में
रथी होकर नहीं निकले तभी तो राम की ख़ातिर

कटाए सिर जिन्होंने हम उन्हीं की राह के राही
झुकाकर सिर नहीं गुज़रे अलग अंजाम की ख़ातिर

1.10.2011

75

हमारी ज़िंदगी जैसी भी हो पर ज़िंदगी तो है
मुबारक हो खुदी औरों को अपनी बेखुदी तो है

जिधर भी देखिए रिश्तों का रेगिस्तान दिखता है
दिलों से उमड़कर आँखों से बहती इक नदी तो है

नहीं हम जानते गुज़रेगा कैसा वक़्त अब आगे
हमारे साथ जो गुज़री है वो गुज़री सदी तो है

ज़माने में नहीं जो कुछ वही सब कुछ हमारे हैं
खुदा से हो न हो बंदों से अपनी बंदगी तो है

हमें कुछ कम नहीं सौंपा हमारे रहनुमाओं ने
हमारी पीठ अहसानों से उनके ही लदी तो है

10.10.2011

76

वक़्त आता रहा वक़्त जाता रहा वो भी चलता रहा हम भी चलते रहे
जो जिया सो किया जो नहीं कर सके उसको करने के अरमाँ मचलते रहे

गाँव को अलविदा कह दिया गाँव ने रोशनी को हुआ रोशनी का भरम
बेहुनर बेसहारा पसीना हुआ हाथवाले सभी हाथ मलते रहे

भोर से पूछकर दोपहर का पता साँझ की देहरी तक पहुँच ही गए
रात-भर फिर उनींदे रहे नींद में ख़्वाब ही ख़्वाब थे ख़्वाब छलते रहे

देख आए हैं हम यूँ तो मंज़र कई देख पाए थे ऐसा न मंज़र कोई
लोग ही लोग थे आग आँखों में थी फिर भी खुद में ही जलते-उबलते रहे

आप मानें न मानें मगर सच यही जिस्म तक ही नहीं रूह तक घाव हैं
क़त्ल होते रहे आँख के सामने लोग अपनी छतों पर टहलते रहे

2.1.2012

77

शे'र के मानी अगर हों ज़ेर* तो कैसी ग़ज़ल
सामने दुष्यंत औ' शमशेर तो कैसी ग़ज़ल

अधपके मजमून इकरंगी ज़ुबाँ सब बेबहर
सिर्फ़ भागमभाग में भी देर तो कैसी ग़ज़ल

बेज़ुबाँ बेहौसला सच और साहस हों अगर
सोच का सिर काट ले अंधेर तो कैसी ग़ज़ल

हों स्वयं में गर्क या फिर और के फिर और के
घेर लें गर आपको घर-घेर तो कैसी ग़ज़ल

मंच-माइक और मसनद और शायर हों जहाँ
शायरी भी हो वहीं पर ढेर तो कैसी ग़ज़ल

3.2.2012

* ज़ेर : कमतर।

78

दिक़्क़तें चलती रहेंगी और हम रुक जाएँगे
तो भी उन पर जीत का परचम हमीं फहराएँगे

कौन कहता है कि वो है कौन सुनता है कि मैं
आख़िरश दुनिया को दुनियादार क्या समझाएँगे

जानते हैं हम उन्हें मानें न मानें वो भले
नाम-भर को नाम लेंगे और फिर मुस्काएँगे

एक रिश्ता ही अगर रिश्ता कहाता हो यहाँ
किस तरह हम इस ज़माने के सगे हो पाएँगे

वक़्त है कमबख़्त बेशक लोग भी खुदगर्ज़ हैं
तो क्या होड़ाहोड़ हम भी अब वही हो जाएँगे

11.2.2012

79

उस तरफ़ ग़म है ख़ुशी इस तरफ़ किधर जाऊँ
उड़के खुशबू की तरह काश, मैं बिखर जाऊँ

कुछ भला हो तो बुराई भी बुराई तो नहीं
बिगड़ूँ इक रोज़ अगर उम्र-भर सँवर जाऊँ

ज़िंदगी जोड़-घटा ही है अगर होने दो
होके बहुसंख्य जिऊँ जाऊँ तो सिफर जाऊँ

दुनिया मुट्ठी में खुले या न खुले यह तो हो
घर को घर में ही खुला छोड़ बेफिकर जाऊँ

ना मैं कबिरा हूँ चदरिया भी नहीं हूँ उसकी
धुल के कपड़े की तरह क्यूँ न फिर निखर जाऊँ

मुझको गोरस से गरज है ही कहाँ, पानी हूँ
बह के मिट्टी में मिलूँ और फिर निथर जाऊँ

बेसिरी रात का हर छोर बेसिरा ठहरा
तो भी चाहत में चिराग़ाँ है जब जिधर जाऊँ

21.4.2012

80

खोदोगे तो मंदिर-मस्जिद की दीवारें निकलेंगी
बुनियादों में दफ़्न हुईं जो वो तक़रारें निकलेंगी

मिट्टी और पसीने से जिनको हाथों ने खड़ा किया
मज़हब की चोटों से उनमें पड़ी दरारें निकलेंगी

तारीख़ों के लिए धरा में धँसकर भी क्या पाओगे
जितने भी नीचे उतरोगे सिर्फ़ कुठारें निकलेंगी

रामायण तो ठीक राम ही जीते या घर में हारे
एक महाभारत से लेकिन सौ-सौ हारें निकलेंगी

धरती के सीने में दिल है हर धड़कन दिल की बानी
सुनकर समझ सको तो माँ की आर्त पुकारें निकलेंगी

हरियाली झूमेगी हरदम अगर जड़ों को सींचोगे
पतझर के भी घर-आँगन से नई बहारें निकलेंगी

20.10.2012

81

वक़्त हाथों में तो नहीं होता
काश, होता तो हमनशीं होता

वक़्त के साथ जो चला होता
अब जहाँ हूँ तो क्या यहीं होता

आप समझेंगे इशारा मेरा
आप जिस ठौर हैं वहीं होता

दर्द सहकर भी जो नहीं कहता
आपको किस तरह यक़ीं होता

ख़ास ज़िंदा ज़मीर हूँ वरना
आसमाँ होके बेज़मीं होता

31.10.2012

82

मैंने अपने शे'र उठाए गलियों से फुटपाथों से
और सभी के मुँह धोए हैं अपने ही इन हाथों से

टाट-पट्टियाँ तख़्ती-बुदके अब भी सपनों में आते
दूर निकल आया हूँ बेशक कल की कलम-दवातों से

सुबह सुहानी सोंधी संध्या रात चाँदनी भाती है
अक्सर ही बचकर निकला हूँ फूलों सजी कनातों से

दौर नया हैराँ करता है सच पूछो डरता भी हूँ
कौन बचाएगा अपनों को अपनों के आघातों से

गीतों से लेकर ग़ज़लों तक कई बीहड़ों से गुज़रा
थाम मशालें भी गुज़रा हूँ घोर अँधेरी रातों से

31.10.2012

83

काश, मिलकर के हम चले होते
और कुछ और वलवले होते

साथ परवाज़ गर हुई होती
घर न होते तो घोंसले होते

नाम रिश्तों को दीजिए कुछ भी
आप होते तो आपके होते

वक़्त ही कब मिला हमें ग़ालिब
इश्क़ करते जो निकम्मे होते

रोज़ जीते हैं हौसला अपना
अन्यथा तो कभी के थे होते

27.11.2012

84

बेसहारा हम नहीं तो भी सहारा चाहिए
अंततः तो किश्तियों को भी किनारा चाहिए

हम भँवर में हैं भँवर में ही नहीं रहना हमें
ज़िंदगी को अब नहीं यह सिंधु खारा चाहिए

कम नहीं आकाश का विस्तार हम भी कम नहीं
एक ध्रुवतारा नहीं हर एक तारा चाहिए

हारनेवालों ने फिर-फिर हार को जीता है पर
सिर्फ़ बाहर ही नहीं भीतर शरारा चाहिए

चाहते हम, लोग समझें सब हमारी बात को
चाहते कुछ लोग कविता में इशारा चाहिए

14.12.2012

85

जश्ने-आज़ादी के दिन हैं जश्ने-आज़ादी के बाद
क्या बुरा आबाद हों गर लोग बरबादी के बाद

बस्तियाँ दिखती हैं उजड़ी पर नहीं दिखते हैं वो
दिल उजड़ जाते हैं जिनके घर में आबादी के बाद

लोग नंगे और अधनंगे करोड़ों हैं तो हैं
रहनुमाओं ने ही कब पहना है कुछ खादी के बाद

कोई तानाशाह माना आ गया बीजेगा क्या
लोकशाही में सियासी हूर से शादी के बाद

दाद जैसी दे रहे वो दाद उनको दीजिए
खूब कहते हो 'कृषक' अकबर इलाहाबादी के बाद

10.8.2013

86

बँधुवा ने बुधवा से पूछा हम क्यों दीन हुए
बुधवा जी क्या कहते सुनकर कलाविहीन हुए

जब भी जिसने पूछा उनसे क्या कुछ लिखते हो
अर्थबोध में डूबे गहरे और महीन हुए

संवेदन का शोध-बोध से रिश्ता खोज रहे
कम्प्यूटर पर जा बैठे खुद घिसी मशीन हुए

कौन कहे ऐसे लोगों को लोग कहेंगे क्या
बाहर अर्वाचीन मगर भीतर प्राचीन हुए

क्या कहिए उनके पौरुष को उलट-फेर भारी
ज्यों-ज्यों पौरुष-ग्रंथि बढ़ी वे पौरुषहीन हुए

13.9.2013

87

हम घरों में थे घरौंदों के लिए बेघर हुए
पत्थरों पर नाम खुदवाकर स्वयं पत्थर हुए

लहलहाती खेतियाँ थे झूमती फ़सलें भी थे
लौटकर देखा जो खुद को दूर तक बंजर हुए

नापने थे यूँ तो सप्ताकाश उड़कर ही हमें
बाज की नज़रों में आए और फिर बेपर हुए

बेअदब संगत अगर हो तो असर जाता नहीं
थे नहीं बदनाम या बद फिर भी हम बदतर हुए

रोज़ ही महनत रहे हम महनताना कब रहे
लूटनेवालों को लेकिन बेशक़ीमत ज़र हुए

हम किसी मंदिर किसी मस्जिद में झाँके ही नहीं
ख़ंजरों के ख़्वाब में झाँका तो कटते सर हुए

27.9.2013

88

आप हैं और आपको देखा नहीं
देखती आँखों तो ये अच्छा नहीं

पास में हों आप दिल धड़के नहीं
आज से पहले तो ऐसा था नहीं

आप हों और आपकी खुशबू न हो
ख़्वाब में भी यह कभी सोचा नहीं

और उलझन कौन-सी होगी भला
आप से हटकर कहीं उलझा नहीं

प्यार मुश्किल मुश्किलें कुछ और भी
आप को अब क्या बताऊँ क्या नहीं

27.9.2013

89

सिर्फ़ तक़्ती से नहीं होती ग़ज़ल
फ़ारसी उर्दू हो या हिंदी ग़ज़ल

जिस्म से बँधकर कहाँ पहुँची कहो
दरअसल तो रूह से बदली ग़ज़ल

कल तलक कोठों की ज़ीनत जो रही
आज घर-आँगन में आ बैठी ग़ज़ल

रतजगों में जागकर सोई बहुत
अब जगाने के लिए जागी ग़ज़ल

बंदिशें तो ठीक पाबंदी नहीं
सिर उठाए आ रही बाग़ी ग़ज़ल

28.9.2013

90

हमने स्याही से उजाला लिक्खा
उनका कहना है कि काला लिक्खा

जब से जाने हैं खुदा के माने
भूल भजनों को निवाला लिक्खा

हमसे पूछा ये पसीना क्या है
हमने इक शब्द कसाला लिक्खा

लोग डरते जो किताबों से बहुत
उनके माथों पे मलाला* लिक्खा

हमसे कवियों की लिस्ट माँगी थी
हमने सौ बार निराला लिक्खा

2.10.2013

---

* मलाला यूसुफज़ई : आतंकवादी गोलियों की शिकार, और फिर नोबल पुरस्कार प्राप्त पाकिस्तान लड़की।

91

सर्वनामों से ही क्योंकर नाम से बातें करें
जाम से क्यों जाम के अंजाम से बातें करें

ये अदब की बैठकें हैं ये ज़ुबानों की गली
दौड़ कबिरा से मिलें ख़य्याम से बातें करें

जीतना है जीतने की शर्त लेकिन एक है
क़ामयाबों से नहीं नाक़ाम से बातें करें

भाग्य को रोएँ सभी भगवान पर रीझें भले
हक़-हकूकों के लिए हुक्क़ाम से बातें करें

क्या नहीं झेला दिनों ने रात कल झेलेगी जो
आस में फिर भी सुबह की शाम से बातें करें

तैश-तुर्शी तोहमतों पर तोहमतें जाने भी दें
आइए, अब बैठकर आराम से बातें करें

11.12.2013

92

वह रात और थी बात और
वे लोग और थे ज़ात और

जुगनू-जुगनू उड्गन-उड्गन
थे जो भी थी औक़ात और

यह अंधकार यह घन-गर्जन
बेमौसम यह बरसात और

वो भूत-प्रेत वो पशु-पिशाच
फिर भी थी वह बारात और

देखो-देखो जल्दी देखो
क्या लाए वो सौगात और

कल तक निश्चय ही देखोगे
कुछ हाल और हालात और

कीचड़ में बेशक कमल खिले
जल में खिलता जलजात और

14.6.2014

93

अभी साँस के ख़ास माने बचे हैं
अभी अन्न के चार दाने बचे हैं

धुँधलका उतरता चला आ रहा है
बची रोशनी के बहाने बचे हैं

ये माटी का पुतला गढ़ा जिस भी शै ने
उसी शै के इसमें ठिकाने बचे हैं

नई पौध कलियाँ नए फूल खुशबू
नयों के दिलों में पुराने बचे हैं

बँटे आँगनों में कहो तो बचा क्या
न घर ही बचे न घराने बचे हैं

सभी कुछ था जिनका नहीं कुछ भी उनका
अगर कुछ बचा है तो ताने बचे हैं

भले पाँव-सिर टिकटियों के नहीं हैं
सिरों के लिए ही सिरहाने बचे हैं

8.7.2014

94

कौन जाने ज़िंदगानी कब तलक
घूमना-फिरना रहेगा जब तलक

घूमना-फिरना रहेगा कब तलक
ज़िंदगी ज़िंदादिली है जब तलक

ज़िंदगी ज़िंदादिली है कब तलक
दूसरों से प्यार दिल में जब तलक

दूसरों से प्यार दिल में कब तलक
दिल में खुदगर्ज़ी न होगी जब तलक

दिल में खुदगर्ज़ी न होगी कब तलक
दोस्त, खुदगर्ज़ी न होगी जब तलक

13.7.2014

95

आँख मलते हुए हम उठे तुम उठे अब उठाकर भी अपनी नज़र देखिए
रात-भर स्वप्न में जो रहे देखते देखिए तो ज़रा ये सहर देखिए

अब उठे हो तो उठकर टहल लो ज़रा अपनी सेहत की सेहत की चिंता करो
घंट-घड़ियाल जागे अजानें जगीं दूर जागा है कोई गजर देखिए

धुंध है धुंध के पार फिर धुंध है धुंध के पार लेकिन खड़ी दिनकरी
पंख खोले पखेरू उड़े उड़ चले गा रहे ला रहे ख़ुश ख़बर देखिए

बाँजवन वो बुराँसों के बिरवे सघन चीड़ के जिन दरख़्तों ने बेदम किए
देखिए उनकी जड़ में कहाँ कौन है फिर इरादों के ऊँचे शिखर देखिए

कुछ नहीं ना सही हाथ हैं पाँव हैं जिनमें ताक़त हुनर और रफ़्तार है
वक़्त बंजर भले दूर तक दूर तक अपने अंदर उगे कुछ शजर देखिए

यंत्र के तंत्र के हाथ है सभ्यता इसकी अट्टालिकाओं में घर ही नहीं
मक्खियों ने शहद की अजूबे रचे चींटियों के बया के भी घर देखिए

काल से होड़ करते हुए जो गए उनके जाने का कोई गिला ही नहीं
लोक के हाथ में ही तो परलोक है अब इधर देखिए या उधर देखिए

6.8.2014

96

इंगलिश हर सू तनी हुई है क्या कीजे
दिल्ली डेलही बनी हुई है क्या कीजे

'निज भाषा उन्नति अहै' सब मान रहे
निज की निज से ठनी हुई है क्या कीजे

माँ को कहा गँवार पतुरिया पर रीझे
पीर पुरानी घनी हुई है क्या कीजे

जिस भाषा ने कल लूटा अब लूट रही
हमसे ही वो धनी हुई है क्या कीजे

बहन-भानजी होती अपनी तो भी था
मैकाले की जनी हुई है क्या कीजे

5.9.2014

97

हमसे मौसम ने कहा हमने निकाली चादर
जिसमें पुरखों की बसी गंध सँभाली चादर

दिन में पूरी थी मगर रात अधूरी-सी लगी
सिर पे खींची तो कभी पाँव पे डाली चादर

हमने ओढ़ी तो मगर हमसे बचाई न गई
यों ही कबिरा की कई बार खँगाली चादर

हमसे कुछ लोग कह रहे कि मज़ारों पे चलो
भरके लाएँगे चढ़ाएँगे जो ख़ाली चादर

कितने लोगों ने यहाँ यूँ भी सचाई को ढँका
खुद को ढँकने के लिए ओढ़ ली जाली चादर

11.10.2014

98

मुफ़्त बाँटकर रोग दवाएँ बेचेंगे
पर्दे पर बेपर्द अदाएँ बेचेंगे

बूँद-बूँद पानी पर वे क़ाबिज होंगे
खाली-पीली महज़ घटाएँ बेचेंगे

खेत-खेत बीजेंगे उन्नत बीजों को
खाद्य नहीं फिर खाद उगाएँ बेचेंगे

दुबले हैं सेहतमंदी की चिंता में
धुआँ उगलते हुए हवाएँ बेचेंगे

मेहमानों के लिए खुले हैं दरवाज़े
घर ख़रीदना हो घर आएँ बेचेंगे

क्या कुछ नहीं बेचते आए कालों को
खुद भी गर गोरे हो जाएँ बेचेंगे

खुलकर अगर हँसोगे हँसी उड़ेगी ही
नई अदा से अब मुस्काएँ बेचेंगे

बनवा लेंगे मंदिर मस्जिद गुरुद्वारे
अपने-अपने लिए दुआएँ बेचेंगे

क ख ग घ तो बच्चों ने बहुत रटा
ए बी सी डी रोज़ रटाएँ बेचेंगे

सरहद पर बंदूकें ठूँ-ठाँ बुरी नहीं
बुरा नहीं गर हाथ मिलाएँ बेचेंगे

21.10.2014

99

क्या बदलता है यहाँ पर धारणाओं के सिवा
कुछ उनींदी स्वप्नवत संभावनाओं के सिवा

टोपियाँ बदलेंगी केवल और क्या बदलेगा कल
आपकी फिर आपकी अवधारणाओं के सिवा

हम हुए ग्लोबल मगर इस ग्लोब में अपना है क्या
इस महा भूखंड पर बहती हवाओं के सिवा

दाल-रोटी का पता कल तक धुआँ देता तो था
आज है निर्धूम सब कुछ कामनाओं के सिवा

लाइनों पर लाइनें हैं झिड़कियों पर झिड़कियाँ
है सभी कुछ अस्पतालों में दवाओं के सिवा

हम गए काशी में या फिर लौटकर काबा गए
हर जगह हलकान थे बंदे खुदाओं के सिवा

दौर यह नीलामियों का पैराहन उतरन सही
क्या रखा है देश में उनकी अदाओं के सिवा

23.2.2015

100

पतझर है पतझार नहीं
हरियाली की हार नहीं

कोंपल-कोंपल जाग रही
कैसे कहूँ बहार नहीं

फूलों-कलियों से हटकर
भँवरों का घर-बार नहीं

फागुन-फागुन फगुनाहट
मादक और बयार नहीं

फ़सलों जैसी अँगड़ाई
धरती जैसा प्यार नहीं

8.3.2015

101

आय कितनी है बताएँ ख़र्च मत बतलाइए
हाथ में जो आ रहा उसको फ़क़त बतलाइए

ख़र्च करना और रोना बात यह अच्छी नहीं
अब सभी को रोज़ हँसने की जुगत बतलाइए

हर तरफ संदेश ख़बरों के कबूतर हर तरफ
आपने ही गर कोई लिक्खा हो ख़त बतलाइए

चाहतें तो हर किसी की हैं दरो-दीवार की
नींव से पहले अगर उठती हो छत बतलाइए

आ गए अच्छे सभी के दिन मगर इक आप हैं
बड़बड़ाने की अदा है या कि लत बतलाइए

11.6.2015

102

जो सुने परियों के क़िस्से क्या हुए
क्या हुए सच्चे फरिश्ते क्या हुए

इल्म था बोझा न था जिनमें कोई
झूलते हाथों के बस्ते क्या हुए

घर से लेकर थे जो स्कूलों तलक
डाँटनेवाले वो रिश्ते क्या हुए

बेजुबाँ खँडहर बताएँ भी तो क्या
टूटकर बिखरे जो हिस्से क्या हुए

बाग़-बाग़ीचों तलक जाते थे जो
मेड़-पगडंडी वो रस्ते क्या हुए

लुटने-पिटने का न अब ख़तरा कोई
इस क़दर महँगी में सस्ते क्या हुए

15.7.2015

103

मैकदे से ग़ज़ल का जो रिश्ता रहा
आज तक है ग़ज़ल में वही अनकहा

अनकहा-अनकहा यों सभी ने कहा
फिर भी बच ही रहा कुछ न कुछ अनकहा

मीरो-ग़ालिब हुए फ़ैज़-दुष्यंत हैं
तो भी लगता है क्यूँ जो कहा कम कहा

लोग लिखते रहे और बिकते रहे
हम भी अभ्यास करते रहे बारहा

नींद अपनी सही ख़्वाब अपने नहीं
ज़िंदगी ने अकेले कहाँ कुछ सहा

पाप करते अगर पुण्य की सोचते
डूब जाते भले गंगा लेते नहा

मंदिरों-मस्जिदों का न होता निशाँ
मैकदा सारी दुनिया जो होती अहा!

18.9.2015

104

घर की ख़ातिर घर छोड़ा था फिर घर में मेहमान हुए
बरस पुराने हुए और कुछ हम भी कथा-पुरान हुए

अपना सुख अंधा करता है देख न पाते हम उनको
जिनको दुख भी सुख लगता है जो दुख की पहचान हुए

पूछो मत हमने फ़सलों को काटा या काटा खुद को
गोदामों में समा गईं वो हम खाली खलिहान हुए

बँटवारा तो बँटवारा है दिल हो अथवा मुल्क़ कोई
एक मुल्क़ से दुनिया-भर में कितने पाकिस्तान* हुए

देखीं कई सल्तनत हमने देखे हैं सुल्तान कई
आज कहाँ तारीख़ी रौनक खँडहर तक वीरान हुए

पर्दे के पीछे जो भी थे भक्तगणों ने कब जाना
इसीलिए अब खुद बेपर्दा पर्दे पर भगवान हुए

आरक्षण की आग लगी है जातिवाद की पोखर में
बड़े-बड़े उतरे कीचड़ में मत चूकै चौहान हुए

19.9.2015

---

* कथाकार कमलेश्वर का एक उपन्यास, जहाँ पाकिस्तान एक देश नहीं, प्रवृत्ति है।

105

खींची हो जिस किसी ने सरहद को नहीं समझा
हम भी क्या कहें हमने उस बद को नहीं समझा

बेहद के फेर में जो वो हद को नहीं समझा
जो हद को नहीं समझा बेहद को नहीं समझा

मक़सद बड़ा हो बेशक इस ज़िंदगी का कोई
मतलब नहीं अगरचे मक़सद को नहीं समझा

आज़ाद परिंदे ही बाजों को चुनौती हैं
जुल्मों ने हौसले के इस क़द को नहीं समझा

दुनिया को फ़कीरों ने हर हाल दुआ दी है
शाहों ने मगर फिर भी सरमद* को नहीं समझा

20.9.2015

* औरंगज़ेबकालीन एक सूफी संत, जिसे क़ाफ़िर कहकर मरवा दिया गया।

106

मेघ उमड़कर आए लेकिन हवा हुए
कुछ न कुछ तो है जिससे वो ख़फ़ा हुए

बूँद गिरे इस धरती पर तो क्या होगा
नदियाँ झीलें ताल-तलैया तवा हुए

यूँ तो यह धरती सबकी सबको लेकिन
जो इस पर क़ाबिज़ हैं कब हमनवा हुए

अजब सियासत गजब सियासतदाँ सारे
कल हमसे थे आज हमीं पर सवा हुए

बरसों-बरस शफ़ाख़ानों में हम भटके
रोग हमारे लेकिन उनको दवा हुए

24.9.2015

107

बाद मुद्दत के मिले फिर आप से
फूल यादों के खिले फिर आप से

मिल गए तो मिल गए दोनों जहाँ
किसलिए शिकवे-गिले फिर आप से

देर से भटके हुए थे जो कहीं
साथ होंगे क़ाफ़िले फिर आप से

टूटकर जुड़ने का भी अपना मज़ा
जुड़ गए सब सिलसिले फिर आप से

रू-ब-रू गर आप सच के रू-ब-रू
जल उठेंगे दिलजले फिर आप से

4.10.2015

108

हमारा ध्यान दुनिया पर है चाचा
ये दुनिया तो सभी का घर है चाचा

कहाँ कानून किनके हाथ पोथी
वो नेज़ेदार अपना सर है चाचा

भले हम वो नहीं पर हैं उन्हीं में
न जिनका घर न कोई दर है चाचा

इधर गौवंश कचरे के सहारे
उधर हर माल उनका तर है चाचा

जिसे वो अनकहे करने में माहिर
हमें उस बात का ही डर है चाचा

6.10.2015

109

जख़्म अनगिन हैं मेरी ग़ज़लों में गिनकर देखिए
गिल्टियों पर जो लगे गहरे वो नश्तर देखिए

बह रहे शिखरों के आँसू घाटियाँ बेचैन हैं
मेघ की मानिंद उनके दुख उमड़कर देखिए

जानना चाहें वजह ठोकर की आख़िर है तो क्या
और ऊपर और ऊपर और ऊपर देखिएँ

इल्म से फ़सलें नहीं फ़सलों से उगता इल्म है
जाँचनी हो बात ये तो रोज़ खटकर देखिए

ये महज़ ग़ज़लें नहीं हैं आईना हैं वक़्त का
देखना हो गर स्वयं को भी ठहरकर देखिए

7.10.2015

110

आपके जलसे में हम भी हैं
क़हक़हों के बीच ग़म भी हैं

लोग सेहत के लिए हँसते यहाँ
खुशनुमा कुछ तो भरम भी हैं

जो मिला इस जनम में भोगा वही
डर यही अगले जनम भी हैं

रहनुमा हैं सब नए क़िरदार में
रहमदिल जो बेरहम भी हैं

यूँ तो नाउम्मीदियों का तम घना
किंतु कुछ रोशन ज़हन भी हैं

17.10.2015

111

देखिए मत मुझे अजनबी की तरह
चेहरा-भर अलग, हूँ सभी की तरह

रू-ब-रू मुश्किलों के रहा मैं सदा
और लम्हे जिए हैं सदी की तरह

राजपथ पर नहीं जनपथों पर चला
चोट खाता रहा आदमी की तरह

सोचता खुद-ब-खुद कुछ तो ऊँचा उठूँ
गिर न पाया मगर जिस किसी की तरह

चाहता साथ सबके रहूँ हर घड़ी
खो गई जो कहीं उस हँसी की तरह

17.10.2015

112

बरखा में हम सूख रहे हैं और धूप में भीग रहे
मौसम आँख तरेर रहा है पाठ नए कुछ सीख रहे

जितने पाँव पसारे हमने चादर सिकुड़ गई उतनी
उतनी ही बेहाल हुई यह धरती लच्छन दीख रहे

देश नहीं, दुनिया ने हमको सिर्फ़ बड़ा बाज़ार कहा
अक्सर ठगे गए हैं उनसे जिनके हम नज़दीक रहे

रोज़-रोज़ की क़िल्लत मारा-मारी क्या कुछ नहीं सहा
तो भी कैसे कहें कि कल से बेहतर अब दिन बीत रहे

हमने ग़ज़लों को ग़ज़लों के ख़ानदान से अलग किया
शायर तो कुछ ख़ास नहीं हैं फिर भी सहज अलीक रहे

17.10.2015

113

जा रहे थे हम मगर वो थिर मिला
दर्द कल बेदर्द होकर फिर मिला

थी हवा गुमसुम कि तूफ़ाँ आ गया
जी उठी, कोई चलो आख़िर मिला

ढूँढने निकले मिले क़ाफ़िर कोई
पर हमें अपना ही दिल क़ाफ़िर मिला

बस्तियाँ गलियाँ सभी अपनी थीं पर
डर हमारा सब कहीं मुखबिर मिला

ग़ाज़ियों तक वो अभी पहुँचा ही था
धड़ कहीं पर तो कहीं पर सिर मिला

21.10.2015

114

चलो कुछ नया ढब निकालें चलो
कुएँ में समंदर को डालें चलो

न हो हैड जिसका नहीं टेल हो
वही एक सिक्का उछालें चलो

पता तो चले क्या वहाँ पक रहा
रसोई से रस्ता निकालें चलो

स्वयं ले रहीं बेटियाँ फ़ैसले
महा खाप अपनी बिठा लें चलो

दिए रोज़ झटके जिन्होंने हमें
उठें हम भी उनको हलालें चलो

27.11.2015

115

हम यहाँ फुटपाथ पर हैं और वो बैठी वहाँ
मान लो चल ही गई संसद तो पहुँचेगी कहाँ

हैं जहाँ पर हम वहाँ पर तो वो आने से रही
ख़्वाब में उसके सुनहरे और भी होंगे जहाँ

हर तरफ़ सूखा ही सूखा दूर तक सब्ज़ा नहीं
बाग़ सब उजड़े हुए आबाद सारे बाग़बाँ

याद आते हैं वो वादे जो किए हमसे गए
अब तो हम हैं और हम जैसे हज़ारों बेज़ुबाँ

पास अपने ताकने के दूसरा चारा नहीं
हैं सभी उनकी उड़ानें और सातों आसमाँ

रोज़ प्यासों के लिए जारी है गंगा-आरती
सब्र कीजे कल उतर आएगी नीचे कहकशाँ

29.12.2015

116

कौन जानेगा यहाँ कल क्या हुआ
क्या बुरा था और क्या अच्छा हुआ

हर तरफ टूटन-घुटन फैली हुई
पूछते कुछ लोग क्यों ऐसा हुआ

कर्बला बेशक कहीं दिखता नहीं
किंतु दिखता हर कोई लड़ता हुआ

चेहरों की बात जाने दीजिए
आईना ही वक़्त का चटका हुआ

इस गिरावट को भला क्या नाम दें
आदमी दिखता नहीं गिरता हुआ

29.08.2017

117

रावण ने रावण को मारा
राम खड़ा रह गया बिचारा

धनुहिं तोड़ सिया को जीता
छूटा घर - आँगन - चौबारा

दशरथ की करनी का डर था
सूपनखा को गया नकारा

अगिन-परिच्छा ली सीता की
तो भी उससे किया किनारा

विप्रवाद पर आँच न आए
शूद्र मौत के घाट उतारा

सपने सच होते सच होता
रामराज्य का सपना प्यारा

रावण ही दुनिया का सच है
राम झूठ हो गया हमारा

02.10.2017

118

अच्छे दिन आ गए हमारे राजा जी
बुरे दिनों के थे हम मारे राजा जी

बात तुम्हारे मन की अपनी कौन कहे
भरता सारा देश हुँकारे राजा जी

रात-रात-भर तारे गिनते थे कल तक
अब गिनते दिन में ही तारे राजा जी

अदा तुम्हारी सूट-बूट फोटू वाली
हम तो कब के हुए तुम्हारे राजा जी

ई-रिक्शा हो अथवा ई-शिक्षा केवल
खाली हाथ हुए नाकारे राजा जी

रमजानी को इधर बहुत डर लगता है
गाय बँधी उसके घर-द्वारे राजा जी

शून्य शून्य है नहीं, शून्य लगते फिर भी
आकाशी विकास के नारे राजा जी

01.10.2017

119

घर के न हम हुए तो क्या बाज़ार के तो हैं
इस पार के न हों तो क्या उस पार के तो हैं

हम हैं हँसोड़ लाइलाज के इलाज भी
सिद्धांतशूर हों न हों व्यवहार के तो हैं

दिल्ली में ब्रेकफास्ट तो न्यूयार्क में डिनर
बैठे हैं मगर उड़ रहे रफ़्तार में तो हैं

ज़िल्दों में बँधे बंद तलघरों में क्यों रहें
रंगीन सुबहो-शाम के अख़बार में तो हैं

मुफ़लिस की तरह मुफ़लिसों के साथ हम नहीं
सिंहासनों के हों न हों दरबार के तो हैं

भारत के नागरिक हैं बाशऊर बासनद
कल तक थे निराधार अब आधार के तो हैं

03.10.2017

120

निचोड़ो भी निचोड़ो भी निचोड़ो भी सुखाओ फिर
हमें नंगा ही रहने दो हमारे गीत गाओ फिर

तुम्हारे क़ायदों का वायदों का सच समझते हैं
जुटेंगे फिर भी मजमे में ज़रा डुग्गी बजाओ फिर

वो आए थे, यहीं जनमे हो तुम, हो तुम वही लेकिन
हमारी भूख को तलकर दुकानों में सजाओ फिर

दिखा देंगे तुम्हें अब्दुल्लई दीवानगी अपनी
अगर बेग़ानी शादी में हमें भी तुम बुलाओ फिर

अधर में थे बिना आधार के मझधार में अब हैं
हमारी पुतलियों तक से हमें ही तुम डराओ फिर

हमारे हक़्क़-हकूकों पर अमन की गोलियाँ दागो
शहीदों को शहीदाने-वतन कहकर भुनाओ फिर

25.03.2018

121

हैं बहुत ही ख़ास कुल-दीपक हमारे
क्लास दसवीं पास कुल-दीपक हमारे

शर्म शरमाती है उनके सामने
बेतरह बिंदास कुल-दीपक हमारे

हैं अँधेरे में भले ही जनम से
फेंकते परकास कुल-दीपक हमारे

रोज गंगा में नहा, कर आचमन
बाँटते हैं प्यास कुल-दीपक हमारे

भूख का अनुभव नहीं है इसलिए
कर रहे उपवास कुल-दीपक हमारे

हैं नए लड़के करेंगे कर रहे
मौज बारहो मास कुल-दीपक हमारे

हादसों का हाई-वे रौंदेंगे कल
है हमें बिस्वास कुल-दीपक हमारे

02.09.2018

122

सुबह से थे कतारों में दवा पाकर बहुत खुश हैं
झगड़ते खुद से औरों से हुई दुपहर बहुत खुश हैं

सड़क पर ठोकरें खाते बसों में झूलते जाते
थके थककर भले पहुँचे पहुँचकर घर बहुत खुश हैं

वो रमदेई वो रमजानी वो भूखन औ' शबाना वो
कहाँ खाते हैं अब खाना दवा खाकर बहुत खुश हैं

हमारी ही बगल से बैठ गाड़ी में निकल जाते
खड़े हलकान हैं हम देख लंबोदर बहुत खुश हैं

वहाँ अल्लाह-हो-अकबर यहाँ श्रीराम की जय-जय
इधर गुरुओं की पौबारह उधर रहबर बुहत खुश हैं

जिए कोई मरे इंसान ये कुदरत का खेला है
मगर हैरान है कुदरत यहाँ बर्बर बहुत खुश हैं

26.08.2018

123

ठीक है मैं वो नहीं हूँ और तुम भी तुम नहीं
देखना इस उम्र में उस उम्र को भी कम नहीं

दूरियाँ दिल में न हों तो दूरियों से क्या गिला
किसलिए कह दूँ कि फिर हम हमक़दम हमदम नहीं

तुम कहो अपनी सुनूँ मैं मैं कहूँ तुम भी सुनो
फिर हँसें दोनों ठठाकर कुछ भी हो अब ग़म नहीं

मौसमों का क्या ठिकाना मन में हों तो हर जगह
तुम ही कह दो क्या हमारे साथ अब मौसम नहीं

दूर हम कितनी चले आए चलेंगे और भी
और फिर अब साथ चारों पाँव भी बेदम नहीं

27.08.2018

124

कम हुआ रुतबा घमंडी घाम का
छू रहा धरती धुँधलका शाम का

घोंसलों की ओर पंछी लौटते
वक़्त उनके हो चला आराम का

मैक़दों में या कि सड़कों पर सही
हम-पियाला दौर जारी जाम का

रात हो या दिन गँवा सकते नहीं
काम हो गर गुठलियों के दाम का

लोग कहते हैं जिसे जाने-ग़ज़ल
वो हुनर सीखे न हम इब्हाम* का

07.09.2018

---

* क्लिष्टता/अस्पष्टता।

125

लिखो लिखते हो जो भी पर ज़रा बच-बचके लिखना तुम
वगरना कलम को सूली बनाकर खुद लटकना तुम

नया चेहरा सियासत का पुराने से कहीं बदतर
उधर पटते वो पटना में इधर दिल्ली में पटना तुम

भला इस दौर में इससे अधिक क्या और कर लोगे
सँजोकर छूँछ भीतर सार को बाहर फटकना तुम

हमारे गुरुकुलों ने मक़तबों ने सीख यह दी है
पुरातन से पुरातन के महज़ पन्ने पलटना तुम

भले छुट्टी हो स्कूलों की बच्चों की नहीं लेकिन
फँसा फंदों में कोचिंग के उन्हें उनसे निबटना तुम

कि तुम अख़बार लिखते हो कि दिखते भी हो टी.वी. पर
किसी के क़त्ल को भी लिख ही दोगे सिर्फ़ घटना तुम

11.09.2018

126

कह रहा है आपका चेहरा परेशानी में हैं
मान लूँ कैसे स्वयं से आप बेध्यानी में हैं

गाम छूटा काम छूटा आ गए फुटपाथ पर
खुश भले हो लें कि रहते ठेठ रजधानी में हैं

यों गलतफहमी में जीना कुछ बुरा ऐसा नहीं
ख़ास ही हैं आप उनके उनकी दरबानी में हैं

हो नहीं कुछ भी भले पर वोट हो यह कम नहीं
देखना कल है तुम्हीं को कितने वो पानी में हैं

रहनुमाई रहनुमाओं की इधर कुछ ख़ास है
निगहबानी में नहीं अब आप निगरानी में हैं

23.09.2018

127

भले सिर पर तुम्हारे छत नहीं है
मगर कुछ और तो दिक़्क़त नहीं है

चलो माना यहाँ मुश्किल है जीना
बताओ तो कहाँ गुरबत नहीं है

कहे जो दिल तुम्हारा वह करो तुम
दिमाग़ों से हमें निस्बत नहीं है

तक़ाज़ा उम्र का होता है फिर भी
कहीं तुमको तो कोई लत नहीं है

यहीं कुछ लोग हैं बेशक पराए
मगर उनसे हमें नफ़रत नहीं है

03.08.2019

128

जो भी अच्छा हो देखना अच्छा
पेड़ गर हो तो फिर घना अच्छा

अच्छा खुद लाजवाब होता है
उससे क्या पूछना कि क्या अच्छा

सिर्फ़ हाथों में स्वाद मत ढूँढो
दिल से जैसा बना, बना अच्छा

खेल पानी का सिर्फ़ पानी से
कौन कहता है खेलना अच्छा

क्या हुआ मुझको जो नहीं लगता
अब कोई शख़्स अनमना अच्छा

16.09.2019

129

बंद दरवाज़े सभी के हैं यहाँ पर यह शहर है
बंद दरवाज़ों के भीतर भी नहीं घर यह शहर है

लोग कुछ फुटपाथ-सड़कों पर पड़े घर ढूँढते हैं
चाहते हर रोज़ जीना खुद गुज़रकर यह शहर है

सच कहूँ तो 'झूठ है दुनिया' जो कहते झूठ कहते
बहुत कुछ उड़ता यहाँ रहता है बेपर यह शहर है

जो नहीं साबुत वही साबित करेंगे जानता हूँ
ध्वस्त उम्मीदों को भी रखते सँजोकर यह शहर है

शहर के लोगों के बारे में यहाँ जो कह रहा मैं
आप ही से कह रहा हूँ बंदा परवर यह शहर है

08.01.2020

130

पूछो मत क्या दशा हमारी की कोरोना ने
हम अछूत कर दिए विप्रवर्णी कोरोना ने

है अदृश्य वरना हम उसको गले लगा लेते
हाथ जोड़ना सिखा दिया फिर भी कोरोना ने

क्या परिजन क्या पास-पड़ोसी दूर रहो सबसे
नई 'नसीहत' यह भी हमको दी कोरोना ने

चोर नहीं तो लंपट उसको कहना ही होगा
कोशिश की है घर-घर घुसने की कोरोना ने

ऐटम बम सब रखे हुए हैं दुनिया देख रही
जंगजुओ से ही छीनी बाज़ी कोरोना ने

ताले सभी इबादतगाहों तक में डलवाए
गाज़ी कहना ठीक नहीं, पाजी कोरोना ने

हाकिम कहें कहें या जेलर है कुछ नस्ल नई
घर को घर में क़ैद किया नाज़ी कोरोना ने

03.04.2020

131

सुनना है उसे ही अब सुनने की सज़ा दी है
हमने भी चुप्पियों की आदत-सी बना ली है

आवाज़ उसी की है उसकी ही देहभाषा
समझे नहीं अगर हम हमने ही ख़ता की है

कल जो भी कह रहा था उसमें भी क्या ग़लत था
कल जो ग़लत कहेगा कह देंगे सब सही है

सदियों से कोई ऐसा आया नहीं था रहबर
राहों को रोक पहले चलने की सीख दी है

जो भी दिखाया उसने हटकर ही कुछ दिखाया
जंगल है अँधेरों का जुगनू-सी रोशनी है

इतिहास बदल देगा बदले बिना ही खुद को
लगता है उसकी अपनी नीयत में कुछ बदी है

हर पल समय बिखरता वह भी बिखर रहा है
फिर भी उसे गुमाँ है उसकी ही यह सदी है

07.04.2020

132

राष्ट्रधर्म हो सबसे ऊपर नफ़रत हो तो मुमकिन है
विश्ववंद्य होना गर हमको दौलत हो तो मुमकिन है

छलना हो आसेतु-हिमालय जनगण-मन को भारत के
गाँवों से लेकर शहरों तक गुरबत हो तो मुमकिन है

नुस्खा कोई एक नहीं है एक नहीं कोई पैथी
मुश्किल जाँचें पीछे पहले आफ़त हो तो मुमकिन है

साहिब और मुसाहिब सबके सीने हों छप्पन इंची
सबसे ऊपर गाल बजाऊ फ़ितरत हो तो मुमकिन है

बरस पचास हाथ में उनके संभव है दुगना कर लें
रामराज्य के ख़्वाब देखती रैयत हो तो मुमकिन है

14.04.2020

133

परखनलियों में पैदा कर रहे कुछ लोग बीमारी
उन्हें कहिए सियासतदाँ या कहिए ठेठ व्यापारी

सँभाले कुर्सियाँ अपनी सहारे आपदाओं के
परस्पर पूछते कैसी है आगे और तैयारी

यहाँ धारावियाँ हैं मजलिसें भी हैं कई बेशक
असल में तो भरे पेटों में पलती हर महामारी

लगी है होड़ आपस में परस्पर कर रहे दावे
तुम्हारे वायरस पर वायरस मेरा बहुत भारी

रुदन-स्वर नाक के नीचे बधिर सत्ता सुने भी क्यों
खड़े विरुदावली गाते मुसाहिब और दरबारी

27.04.2020

134

आइए, अब आग में गलते चलें
और फिर फौलाद में ढलते चलें

घिर गए हैं दुर्दिनों में लोग जो
कुछ दिलासा ही उन्हें देते चलें

घूमते हैं जो मुखौटों को लगा
शर्म उन चेहरों प' कुछ मलते चलें

लोग जो ख़बरों में हैं ख़बरें नहीं
साथियो, उनकी ख़बर लेते चलें

साथ कोई दे न दे यह सोचकर
हाथ साहस का पकड़ चलते चलें

रास्ते सीधे कहाँ हैं आजकल
आओ, टेढ़े रास्ते सीधे चलें

23.05.2020

135

रोटियों पर राम या फिर राम पर रोटी लिखूँ
भाल पर चंदन, जनेऊ और सिर चोटी लिखूँ

धर्म से अपने मुझे क्या कुछ मिला बतलाऊँ क्या
देह पर जो बच रही है सिर्फ़ लंगोटी लिखूँ

ोशनी धुँधला गई क्योंकर उसूलों की यहाँ
्याह दौलत की सियासत पर नज़र खोटी लिखूँ

अपशगुन कुछ तो महाभारत से पहले थे ही थे
चाल चौसर की या शकुनि की नई गोटी लिखूँ

सब कहीं ताले जुबानों पर हैं पर दिखते नहीं
और ऊपर से लगे जो रोग गलघोटी लिखूँ

लिख रहा जो मैं इधर कोई उसे पढ़ता नहीं
फिर भी क्योंकर आस्था से अक़्ल को छोटी लिखूँ

05.08.2020

136

लड़ें भाषाओं को लेकर लड़ें या भावनाओं पर
गिला हमको है महफ़िल से गिला उनको सभाओं पर

अँधेरा ही अँधेरा है जहाँ झाँके नहीं दोनों
फ़िदा हैं वे गुफाओं पर फ़िदा हम कंदराओं पर

कभी डूबे तो वे डूबे कभी डूबे तो हम डूबे
मगर चर्चा नहीं मिल-बैठकर की आपदाओं पर

हमीं ने कब खुदी को खुद बुलंदी की तरफ मोड़ा
लगाते किसलिए इल्जाम फिर बहरे खुदाओं पर

दवाओं ने ही तिल-तिलकर हमें मारा है सच मानो
भरोसा किस तरह कर लें भला उनकी दवाओं पर

न समझे हम अभी तक पश्चिमी विक्षोभ की बातें
न जाने क्यों फ़िदा हैं लोग इन पछुवा हवाओं पर

ग़ज़ल कहते नहीं तो क्या मगर लिखते तो हैं हम भी
दुखों का दर्द लिखते हैं नहीं लिखते अदाओं पर

15.08.2020

137

किसकी ठोंकें पीठ किसे शाबाशी दें
किसको सौंपें खुशियाँ किसे उदासी दें

अभी अयोध्या से हम निकल नहीं पाए
किसको मथुरा दे दें किसको काशी दें

खुद को फाँसी देना तो है जुर्म यहाँ
देनी ही हो तो सपनों को फाँसी दें

बाढ़ अगर लानी विकास की गंगा में
कुछ न्यासी कुछ रँगे हुए संन्यासी दें

बहुत लिया अब सिर्फ़ देश को देना है
दें, संसद को क़ाबिल सत्यानाशी दें

17.08.2020

138

आँकड़े ही आँकड़े हैं आँकड़े फिर भी नहीं
झूठ में सच जोड़िए मिलते सिरे फिर भी नहीं

हर तरफ लाशें ही लाशें हैं मगर दिखतीं नहीं
और दिखती हैं तो छूती सैंकड़े फिर भी नहीं

कम अजूबी बात है क्या यह हमारे दौर की
पाप-घट भरते हैं लालच के घड़े फिर भी नहीं

छद्म-छल से इंद्र आसन पर उछलकर जा चढ़े
किंतु भक्तों के लिए वे सिरफिरे फिर भी नहीं

जंग में हैं जंग की तहज़ीब से खाली मगर
बाँगते रण-बाँकुरे जो जीतते फिर भी नहीं

एकजुट हैं सब अँधेरे रोशनी के बरख़िलाफ
रोशनी के साथ हम होते खड़े फिर भी नहीं

17.09.2020

139

राहत की ख़बरें हैं लेकिन राहत कहीं नहीं
आँखें हैं आँखों में लेकिन ग़ैरत कहीं नहीं

तौर-तरीक़े बदल गए अब लोकसेवकों के
जिस्म खरीदे-बेचे जाते रिश्वत कहीं नहीं

रिश्तों की गहराई में भी जीता उथलापन
संग-साथ दिखते हैं लेकिन निस्बत कहीं नहीं

दिल की हालत बुरी नहीं है हर पल धड़क रहा
हाथ थामकर नब्ज़ देखिए हरकत कहीं नहीं

खेत-खेत हरियाली मंज़र लहू-लहू लेकिन
वहशत ही वहशत वहशत को दहशत कहीं नहीं

01.10.2020

140

‘वह सुबह कभी तो आएगी’ कब आएगी
यह रातों लंबी अँधियारी कब जाएगी

जो ख़्वाब सुबह को देखे उनसे तो लगता
यह रात गुलामी की गहरी हो जाएगी

जब ‘आज’ नहीं आज़ादी का ‘कल’ क्या होगा
कैसे झूठी आज़ादी सच हो पाएगी

मैं इंतज़ार में हूँ उसके जो कल उठकर
आँचल को परचम बना स्वयं लहराएगी

उस पीढ़ी की तालाश मुझे जाने कब से
जो भगतसिंह की राहों को अपनाएगी

11.10.2020

141

सच को सच मत कहना साथी
साथ झूठ के रहना साथी

सच्चाई तो नग्न खड़ी है
क्या ढँक लेगा गहना साथी

नई बहू-जैसी नैतिकता
उसको ही सब सहना साथी

छूना हो आकाश तुम्हें गर
साथ हवा के बहना साथी

अँधियारों के घर उजियाला
सोच-सोचकर दहना साथी

17.10.2020

142

सागर की गहराई क्या है
लहरों की अँगड़ाई क्या है

पूछा हमने हर परबत से
चोटी है पर खाई क्या है

माना हमने दूर बुढ़ापा
ताज़ादम तरुणाई क्या है

अच्छाई को खोज रहे हम
इसमें भला बुराई क्या है

दिखती है बेचैन इकाई
बढ़ती हुई दहाई क्या है

पूछ रहे वे हँसकर हमसे
ऊपर और कमाई क्या है

सुलग रहा हर शख़्स स्वयं में
पूछो दियासलाई क्या है

04.11.2020

143

मसअला मसअला
फासला फासला

गा रहा कोई क्यों
कर भला हो भला

सिलसिला एक ही
सिलसिला सिलसिला

दिलजला कह रहा
दिल जला दिल जला

चंद कड़ियाँ जुड़ीं
शृंखला शृंखला

धूल का क्या सबब
क़ाफ़िला क़ाफ़िला

है जगह कौन-सी
कर्बला कर्बला

07.11.2020

144

अयोध्या है तेरी अयोध्या है मेरी
मगर ये हुआ क्या अँधेरों ने घेरी

जलाने थे भीतर जले दीप बाहर
इसी से हुई और गाढ़ी अँधेरी

कभी दौड़ना भी गिराता है हमको
सदा जल्दबाज़ी में होती है देरी

उधर है मृगों की धमाचौकड़ी-सी
इधर बाण साधे हुए है अहेरी

उसे है भरम उसने आकाश रोका
उठाए हुए यों ही टाँगें टिटेरी

14.11.2020

145

सबकी दुनिया अलग-अलग हो या फिर सबकी एक रहे
जिन बँटवारों के ख़िलाफ हम उनको होता देख रहे

अलग-अलग है ढपली अपनी अलग-अलग हैं राग सभी
फिर भी हम दावा करते हैं सुख-दुख में समवेत रहे

सिर्फ़ देखना भी तो शामिल होना है बँटवारे में
ऐसे में क्यों न कह दें हम अपने ही आखेट रहे

आँख खोलकर देखीं हमने कभी न मौसम की आँखें
यद्यपि हमको बरबादी के मिलते सब संकेत रहे

जात-धरम लेकर हम उतरे जैसे पुरखों की थाती
और नतीजा, उनकी ख़ातिर अपने हाथों खेत रहे

17.11.2020

146

जी रहे हैं हम बहुत-सी व्याधियों के साथ
धर्म-मज़हब से बड़े उन्मादियों के साथ

आँख मूँदे दूर तक चलते रहे हम भी
कम नहीं जो गाज से उन ग़ाज़ियों के साथ

न्याय जिनकी मुट्ठियों में जा बँधा खुद ही
बैठते हम भी रहे उन क़ाज़ियों के साथ

कुछ न कुछ रिश्ता हमारा भी रहा होगा
जो हुईं बरबाद उन आबादियों के साथ

दाँव पर खुद को खुदी तक को लगा बैठे
हारते यों ही रहे उन बाज़ियों के साथ

03.12.2020

147

पूछ रहा हर दहकाँ तख़्तनशीनों से
बेदख़ली क्यों श्रम की हुई ज़मीनों से

अपनी आँखों देखी को बिसराएँ क्यों
क्योंकर पूछें सच्चाई नाबीनों से

उन्नत खेती बाँझ रही हम खेत रहे
लोन परोसा बाँधा हमें मशीनों से

खेती खेत फसल सब कुछ तो अपना है
फिर भी हम ही वंचित हैं इन तीनों से

बेशक नहीं गुलाम यहाँ आज़ाद सभी
तो भी शेष लड़ाई कुछ स्वाधीनों से

21.12.2020

148

कैसे किसान हैं ये भरपेट खा रहे हैं
खाकर पुलाव-पिज्जा हमको चिढ़ा रहे हैं

डर लग रहा हमें अब संसद ये घेर लेंगे
गाँवों को छोड़ अपने सड़कों पे आ रहे हैं

धरती के लाड़ले ये धरती के हम लुटेरे
हो लूट में इजाफा कानून ला रहे हैं

खाएँ ये अन्न अपना खाएँ तो साथ लेकिन
रीझे नहीं हैं इन पर इनको रिझा रहे हैं

जो थे शहीद कल के ज़िंदा हैं आज भी जो
मंचों से अब भी उनके ये गीत गा रहे हैं

सोचा था अब मशालें फिर जल नहीं सकेंगी
लेकिन ये फिर से उठकर उनको जला रहे हैं

11.01.2021

149

बैठे हैं विज्ञान भवन में ज्ञान चाहिए
खेती के सच का उनको ईमान चाहिए

ठिठुर रहे हैं जो सड़कों पर रात और दिन
उनको उनके तापमान का मान चाहिए

कृषिमंत्र जपते आखिर तो मंत्री जी हैं
हर खेतीहर का उनको बलिदान चाहिए

बड़के मंत्री जी भी हक़ में हैं किसान के
कहते, मिल-मालिक से बड़ा किसान चाहिए

खेती करनी अब उनको धरती से ऊपर
ज्वार-बाजरा-मक्का गेहूँ-धान चाहिए

खाते खुले खजाने सब कुछ ओपन ही है
सिर्फ़ उन्हें आगत का कुछ अनुमान चाहिए

मंडी नहीं चाहिए कोई भी अब उनको
बाज़ारों के लिए गुप्त गोदाम चाहिए

खेल खुला फ़र्रूख़ाबादी खेल रहे वो
खुलकर लूटें भरे हुए खलिहान चाहिए

धरम सनातन परम एकता के वे हामी
हिंदू हैं हिंदू ही हिंदुस्थान चाहिए

देश दलाली की दलदल में बेशक डूबे
उनको उनका भारत देश महान चाहिए

19.01.2021

150

उजाले कठघरे में हैं अदालत है अँधेरों की
जगे हैं रात-भर आँखें नहीं झपकीं सवेरों की

सवेरे हैं कहाँ कुछ लोग हमसे पूछते यह भी
दिखाते हैं उन्हें हम भी कतारों को कमेरों की

कमेरे ही तो हैं जिनसे अँधेरे ख़ौफ खाते हैं
बहर भाती नहीं उनको हमारे चंद शेरों की

कई हैं मोर्चे जिनको फतह करना हमीं को है
उतर आए हैं मैदाँ में सियासत छोड़ घेरों की

समंदर ही नहीं आकाश को भी जानती हैं वे
उठेंगी एक दिन फिर से यहाँ लहरें फरेरों की

17.10.2021